Todos los libros de Linkgua Ediciones cuentan con modelos de Inteligencia Artificial entrenados por hispanistas. Pregúntale al chat de tu libro lo que desees acerca de la obra o su autor/a.

Para ebooks: Accede a nuestro modelo de IA a través de este enlace.

Para libros impresos: Escanea el código QR de la portada con tu dispositivo móvil.

Obtén análisis detallados de nuestros libros, resúmenes, respuestas a tus preguntas y accede a nuestras ediciones críticas generativas para una experiencia de lectura más enriquecedora.
La transparencia y el respeto hacia la autoría de las fuentes utilizadas son distintivos básicos de nuestro proyecto. Por ello, las respuestas ofrecen, mediante un sistema de citas, las fuentes con las que han sido elaboradas.

Ignacio de Loyola

Autobiografía

Barcelona 2024
Linkgua-ediciones.com

Créditos

Título original: Autobiografía.

© 2024, Red ediciones S.L.

e-mail: info@linkgua.com

Diseño de la colección: Michel Mallard.

ISBN rústica ilustrada: 978-84-9007-512-8.
ISBN tapa dura: 978-84-1126-729-8.
ISBN ebook: 978-84-9897-804-9.

Sumario

Brevísima presentación

La vida

San Ignacio de Loyola nació hacia 1491, en el castillo de Loyola en Azpeitia, Guipúzcoa. Su padre, Bertrán, era señor de Ofiaz y de Loyola, jefe de una de las familias más antiguas y nobles de la región. Y también su madre, Marina Sáenz de Licona y Balda, provenía de la nobleza. Iñigo (ése fue su nombre bautismal) era el menor de ocho hermanos y tres hermanas.

Muy joven luchó contra los franceses en el norte de Castilla. Pero su breve carrera militar terminó el 20 de mayo de 1521, cuando una bala de cañón le rompió la pierna durante la lucha en defensa del castillo de Pamplona de una incursión franco-navarra.

La recuperación fue larga y dolorosa y con resultado negativo al haberse soldado mal los huesos. Entonces decidió volver a operarse soportando el dolor como una parte más de su condición de hombre puro.

Durante su convalecencia Ignacio leyó los libros *La vida de Cristo*, y el *Flos Sanctorum*, y bajo esta influencia su vida cambió.

Aunque el original de esta obra quedó archivado durante 150 años, el fundador de la Compañía de Jesús le dictó este texto biográfico a su secretario, el padre Gonçalves de Câmara, durante el período de 1553-1555, y constituye una pieza importante para entender sus *Ejercicios espirituales*. En su autobiografía, Ignacio de Loyola explica el origen de su devoción y cómo se fue afianzando cuando una herida de guerra, que por poco no puso fin a su vida, lo obligó a permanecer postrado durante un prolongado periodo y le dio ocasión de leer y meditar sobre dos libros que cambiarían por completo su existencia: «*Vita Christi* y un libro de la vida de los Santos en romance» (*La vida de Cristo* del cartujo Ludolfo de Sajonia y el *Flos Sanctorum*).

Capítulo I

1. Hasta los veintiséis años de su edad fue hombre dado a las vanidades del mundo y principalmente se deleitaba en ejercicio de armas con un grande y vano deseo de ganar honra. Y así, estando en una fortaleza que los franceses combatían, y siendo todos de parecer que se diesen, salvas las vidas, por ver claramente que no se podían defender, él dio tantas razones al alcaide, que todavía lo persuadió a defenderse, aunque contra parecer de todos los caballeros, los cuales se conhortaban con su ánimo y esfuerzo. Y venido el día que se esperaba la batería, él se confesó con uno de aquellos sus compañeros en las armas; y después de durar un buen rato la batería, le acertó a él una bombarda en una pierna, quebrándosela toda; y porque la pelota pasó por entrambas las piernas, también la otra fue mal herida.

2. Y así, cayendo él, los de la fortaleza se rindieron luego a los franceses, los cuales, después de se haber apoderado della, trataron muy bien al herido, tratándolo cortés y amigablemente. Y después de haber estado doce o quince días en Pamplona, lo llevaron en una litera a su tierra; en la cual hallándose muy mal, y llamando todos los médicos y cirujanos de muchas partes, juzgaron que la pierna se debía otra vez desconcertar, y ponerse otra vez los huesos en sus lugares, diciendo que por haber sido mal puestos la otra vez, o por se haber desconcertado en el camino, estaban fuera de sus lugares, y así no podía sanar. E hízose de nuevo esta carnicería; en la cual, así como en todas las otras que antes había pasado y después pasó, nunca habló palabra, ni mostró otra señal de dolor, que apretar mucho los puños.

3. Y iba todavía empeorando, sin poder comer y con los demás accidentes que suelen ser señal de muerte. Y llegando el día de San Juan, por los médicos tener muy poca confianza de su salud, fue aconsejado que se confesase; y así, recibiendo los sacramentos, la víspera de San Pedro y San Pablo, dijeron los médicos que, si hasta la media noche no sentía mejoría, se podía contar por muerto. Solía ser el dicho enfermo devoto de San Pedro, y así quiso nuestro Señor que aquella misma media noche se comenzase a hallar mejor; y fue tanto creciendo la mejoría, que de ahí a algunos días se juzgó que estaba fuera de peligro de muerte.

4. Y viniendo ya los huesos a soldarse unos con otros, le quedó abajo de la rodilla un hueso encabalgado sobre otro, por lo cual la pierna quedaba más corta; y quedaba allí el hueso tan levantado, que era cosa fea; lo cual él no pudiendo sufrir, porque determinaba seguir el mundo, y juzgaba que aquello lo afearía, se informó de los cirujanos si se podía aquello cortar; y ellos dijeron que bien se podía cortar; mas que los dolores serían mayores que todos los que había pasado, por estar aquello ya sano, y ser menester espacio para cortarlo; y todavía él se determinó martirizarse por su propio gusto, aunque su hermano más viejo se espantaba y decía que tal dolor él no se atrevería a sufrir; lo cual el herido sufrió con la sólita paciencia.

5. Y cortada la carne y el hueso que allí sobraba, se atendió a usar de remedios para que la pierna no quedase tan corta, dándole muchas unturas, y extendiéndola con instrumentos continuamente, que muchos días le martirizaban. Mas nuestro Señor le fue dando salud; y se fue hallando tan bueno, que en todo lo demás estaba sano, sino que no podía

tenerse bien sobre la pierna, y así le era forzado estar en el lecho. Y porque era muy dado a leer libros mundanos y falsos, que suelen llamar de Caballerías, sintiéndose bueno, pidió que le diesen algunos dellos para pasar el tiempo; mas en aquella casa no se halló ninguno de los que él solía leer, y así le dieron un *Vita Christi* y un libro de la vida de los Santos en romance.

6. Por los cuales leyendo muchas veces, algún tanto se aficionaba a lo que allí hallaba escrito. Mas dejándolos de leer, algunas veces se paraba a pensar en las cosas que había leído; otras veces en las cosas del mundo que antes solía pensar. Y de muchas cosas vanas que se le ofrecían una tenía tanto poseído su corazón, que se estaba luego embebido en pensar en ella dos y tres y cuatro horas sin sentirlo, imaginando lo que había de hacer en servicio de una señora, los medios que tomaría para poder ir a la tierra donde ella estaba, los motes, las palabras que le diría, los hechos de armas que haría en su servicio. Y estaba con esto tan envanecido, que no miraba cuán imposible era poderlo alcanzar; porque la señora no era de vulgar nobleza: no condesa, ni duquesa, mas era su estado más alto que ninguno destas.

7. Todavía nuestro Señor le socorría, haciendo que sucediesen a estos pensamientos otros, que nacían de las cosas que leía. Porque, leyendo la vida de nuestro Señor y de los santos, se paraba a pensar, razonando consigo: ¿qué sería, si yo hiciese esto que hizo San Francisco, y esto que hizo Santo Domingo? y así discurría por muchas cosas que hallaba buenas, proponiéndose siempre a sí mismo cosas dificultosas y graves, las cuales cuando proponía, le parecía hallar en sí facilidad de ponerlas en obra. Mas todo su discurso

era decir consigo: Santo Domingo hizo esto; pues yo lo tengo de hacer. San Francisco hizo esto; pues yo lo tengo de hacer. Duraban también estos pensamientos buen vado, y después de interpuestas otras cosas, sucedían los del mundo arriba dichos, y en ellos también se paraba grande espacio; y esta sucesión de pensamientos tan diversos le duró harto tiempo, deteniéndose siempre en el pensamiento que tornaba; o fuese de aquellas hazañas mundanas que deseaba hacer, o destas otras de Dios que se le ofrecían a la fantasía, hasta tanto que de cansado lo dejaba, y atendía a otras cosas.

8. Había todavía esta diferencia: que cuando pensaba en aquello del mundo, se deleitaba mucho; mas cuando después de cansado lo dejaba, hallábase seco y descontento; y cuando en ir a Jerusalén descalzo, y en no comer sino yerbas, y en hacer todos los demás rigores que veía haber hecho los santos; no solamente se consolaba cuando estaba en los tales pensamientos, mas aun después de dejando, quedaba contento y alegre. Mas no miraba en ello, ni se paraba a ponderar esta diferencia, hasta en tanto que una vez se le abrieron un poco los ojos, y empezó a maravillarse desta diversidad y a hacer reflexión sobre ella. Cogiendo por experiencia que de unos pensamientos quedaba triste, y de otros alegre, y poco a poco viniendo a conocer la diversidad de los espíritus que se agitaban, el uno del demonio, y el otro de Dios. Este fue el primero discurso que hizo en las cosas de Dios; y después cuando hizo los ejercicios, de aquí comenzó a tomar lumbre para lo de la diversidad de espíritus.

9. Y cobrada no poco lumbre de aquesta lección, comenzó a pensar más de veras en su vida pasada, y en cuánta necesidad tenía de hacer penitencia della. Y aquí se le ofrecían los de-

seos de imitar los santos, no mirando más circunstancias que prometerse así con la gracia de Dios de hacerlo como ellos lo habían hecho. Mas todo lo que deseaba de hacer, luego como sanase, era la ida de Jerusalén, como arriba es dicho, con tantas disciplinas y tantas abstinencias, cuantas un ánimo generoso, encendido de Dios, suele desear hacer.

10. Y ya se le iban olvidando los pensamientos pasados con estos santos deseos que tenía, los cuales se le confirmaron con una visitación, desta manera. Estando una noche despierto, vido claramente una imagen de nuestra Señora con el santo Niño Jesús, con cuya vista por espacio notable recibió consolación muy excesiva, y quedó con tanto asco de toda la vida pasada; y especialmente de cosas de carne, que le parecía habérsele quitado del ánima todas las especies que antes tenía en ella pintadas. Así desde aquella hora hasta el agosto de 53 que esto se escribe, nunca más tuvo ni un mínimo consenso en cosas de carne; y por este efecto se puede juzgar haber sido la cosa de Dios, aunque él no osaba determinarlo, ni decía más que afirmar lo susodicho. Mas así su hermano como todos los demás de casa fueron conociendo por lo exterior la mudanza que se había hecho en su ánima interiormente.

11. Él, no se curando de nada, perseveraba en su lección y en sus buenos propósitos; y el tiempo que con los de casa conversaba, todo lo gastaba en cosas de Dios, con lo cual hacía provecho a sus ánimas. Y gustando mucho de aquellos libros, le vino al pensamiento de sacar algunas cosas en breve más esenciales de la vida de Cristo y de los Santos; y así se pone a escribir un libro con mucha diligencia (porque ya comenzaba a levantarse un poco por casa); las palabras de

Cristo de tinta colorada, las de nuestra Señora de tinta azul. Y el papel era bruñido y rayado, y de buena letra, porque era muy buen escribano. Parte del tiempo gastaba en escribir, parte en oración. Y la mayor consolación que recibía era mirar el cielo y las estrellas, lo cual hacía muchas veces y por mucho espacio, porque con aquello sentía en sí un muy grande esfuerzo para servir a nuestro Señor. Pensaba muchas veces en su propósito, deseando ya ser sano del todo para se poner en camino. El cual tuvo cuasi 300 hojas todas escritas de cuarto.

12. Y echando sus cuentas, qué es lo que haría después que viniese de Jerusalén para que siempre viviese en penitencia, ofrecíasele meterse en la Cartuja de Sevilla, sin decir quién era para que en menos le tuviesen y allí nunca comer sino yerbas. Mas cuando otra vez tornaba a pensar en las penitencias, que andando por el mundo deseaba hacer, resfriábasele el deseo de la Cartuja, temiendo que no pudiese ejercitar el odio que contra sí tenía concebido. Todavía a un criado de casa, que iba a Burgos, mandó que se informase de la regla de la Cartuja, y la información que della tuvo le pareció bien. Mas por la razón arriba dicha y porque todo estaba embebido en la ida que pensaba presto hacer, y aquello no se había de tratar sino después de la vuelta, no miraba tanto en ello; antes, hallándose ya con algunas fuerzas, le pareció que era tiempo de partirse, y dijo a su hermano: «señor, el duque de Nájera, como sabéis, ya sabe que estoy bueno. Será bueno que vaya a Navarrete» (estaba entonces allí el duque). El hermano le llevó a una cámara y después a otra, y con muchas admiraciones le empieza a rogar que no se eche a perder; y que mire cuánta esperanza tiene dél la gente, y cuánto puede valer, y otras palabras semejantes, todas a intento de apar-

tarle del buen deseo que tenía. Mas la respuesta fue de manera que, sin apartarse de la verdad, porque dello tenía ya grande escrúpulo, se descabulló del hermano. Sospechaba el hermano y algunos de casa que él quería hacer alguna gran mutación.

Capítulo II

13. Y así, cabalgando en una mula, otro hermano suyo quiso ir con él hasta Oñate, al cual persuadió en el camino que quisiesen tener una vigilia en nuestra Señora de Aránzazu. En la cual haciendo oración aquella noche para cobrar nuevas fuerzas para su camino, dejó el hermano en Oñate en casa de una hermana que iba a visitar, y él se fue a Navarrete. Y viniéndole a la memoria de unos pocos de ducados que le debían en casa del duque, le pareció que sería bien cobrarlos, para lo cual escribió una cédula al tesorero; y diciendo el tesorero que no tenía dineros, y sabiéndolo el duque, dijo que para todo podía faltar, mas que para Loyola no faltasen; al cual deseaba dar una buena tenencia, si la quisiese aceptar, por el crédito que había ganado en lo pasado. Y cobró los dineros, mandándolos repartir en ciertas personas a quienes se sentía obligado, y parte a una imagen de nuestra Señora, que estaba mal concertada, para que se concertase y ornase muy bien. Y así, despidiendo los dos criados que iban con él, se partió solo en su mula de Navarrete para Monserrate. Desde el día que se partió de su tierra siempre se disciplinaba cada noche.

14. Y en este camino le acaeció una cosa, que será bueno escribirse, para que se entienda cómo nuestro Señor se había con esta ánima, que aún estaba ciega, aunque con grandes deseos de servirle en todo lo que conociese, y así determinaba de hacer grandes penitencias, no teniendo ya tanto ojo a satisfacer por sus pecados, sino agradar y aplacer a Dios. Y así, cuando se acordaba de hacer alguna penitencia que hicieron los Santos, proponía de hacer la misma y aún más. Y en estos pensamientos tenía toda su consolación, no mirando

a cosa ninguna interior, ni sabiendo qué cosa era humildad, ni caridad, ni paciencia, ni discreción para reglar ni medir estas virtudes, sino toda su intención era hacer destas obras grandes exteriores, porque así las habían hecho los Santos para gloria de Dios, sin mirar otra ninguna más particular circunstancia. Tenía tanto aborrecimiento a los pecados pasados, y el deseo tan vivo de hacer cosas grandes por amor de Dios, que, sin hacer juicio que sus pecados eran perdonados, todavía en las penitencias que emprendía a hacer no se acordaba mucho dellos.

15. Pues yendo por su camino le alcanzó un moro, caballero en su mulo; y yendo hablando los dos, vinieron a hablar en nuestra Señora; y el moro decía, que bien le parecía a él la Virgen haber concebido sin hombre; mas el parir, quedando virgen, no lo podía creer, dando para esto las causas naturales que a él se le ofrecían. La cual opinión, por muchas razones que le dio el peregrino, no pudo deshacer. Y así el moro se adelantó con tanta prisa, que le perdió de vista, quedando pensando en lo que había pasado con el moro. Y en esto le vinieron unas mociones, que hacían en su ánima descontentamiento, pareciéndole que no había hecho su deber, y también le causan indignación contra el moro, pareciéndole que había hecho mal en consentir que un moro dijese tales cosas de nuestra Señora, y que era obligado volver por su honra. Y así le venían deseos de ir a buscar el moro y darle de puñaladas por lo que había dicho; y perseverando mucho en el combate destos deseos, a la fin quedó dubio, sin saber lo que era obligado a hacer. El moro, que se había adelantado, le había dicho que se iba a un lugar, que estaba un poco adelante en su mismo camino, muy junto del camino real, mas no que pasase el camino real por el lugar.

16. Y así después de cansado de examinar lo que sería bueno
hacer, no hallando cosa cierta a que se determinase, se determinó en esto, scilicet, de dejar ir a la mula con la rienda
suelta hasta al lugar donde se dividían los caminos; y que si
la mula fuese por el camino de la villa, él buscaría el moro y
le daría de puñaladas; y si no fuese hacia la villa, sino por el
camino real, dejarlo quedar. Y haciéndolo así como pensó,
quiso nuestro Señor que, aunque la villa estaba poco más de
treinta o cuarenta pasos, y el camino que a ella iba era muy
ancho y muy bueno, la mula tomó el camino real, y dejó el
de la villa. Y llegando a un pueblo grande antes de Monserrate, quiso allí comprar el vestido que determinaba de traer,
con que había de ir a Jerusalén; y así compró tela, de la que
suelen hacer sacos, de una que no es muy tejida y tiene muchas púas, y mandó luego de aquella hacer veste larga hasta
los pies, comprando un bordón y una calabacita, y púsolo
todo delante el arzón de la mula. Y compró también unas
esparteñas, de las cuales no llevó más de una; y esto no por
ceremonia, sino porque la una pierna llevaba toda ligada con
una venda y algo maltratada; tanto que, aunque iba a caballo, cada noche la hallaba hinchada: este pie le pareció era
necesario llevar calzado.

17. Y fuese su camino de Monserrate, pensando, como siempre solía, en las hazañas que había de hacer por amor de
Dios. Y como tenía todo el entendimiento lleno de aquellas
cosas, Amadís de Gaula y de semejantes libros, veníanle algunas cosas al pensamiento semejantes a aquellas; y así se
determinó de velar sus armas toda una noche, sin sentarse
ni acostarse, mas a ratos en pie y a ratos de rodillas, delante
el altar de nuestra Señora de Monserrate, adonde tenía de-

terminado dejar sus vestidos y vestirse las armas de Cristo. Pues partido deste lugar, fuese, según su costumbre, pensando en sus propósitos; y llegado a Monserrate, después de hecha oración y concertado con el confesor, se confesó por escrito generalmente, y duró la confesión tres días; y concertó con el confesor que mandase recoger la mula, y que la espada y el puñal colgase en la iglesia en el altar de nuestra Señora. Y este fue el primer hombre a quien descubrió su determinación, porque hasta entonces a ningún confesor lo había descubierto.

18. La víspera de nuestra Señora de Marzo en la noche, el año de 22, se fue lo más secretamente que pudo a un pobre, y despojándose de todos sus vestidos, los dio a un pobre, y se vistió de su deseado vestido, y se fue a hincar de rodillas delante el altar de nuestra Señora; y unas veces desta manera, y otras en pie, con su bordón en la mano, pasó toda la noche. Y en amaneciendo se partió por no ser conocido, y se fue, no el camino derecho de Barcelona, donde hallaría muchos que le conociesen y le honrasen, mas desvióse a un pueblo, que se dice Manresa, donde determinaba estar en un hospital algunos días, y también notar algunas cosas en su libro, que llevaba él muy guardado, y con que iba muy consolado. Y yendo ya una legua de Monserrate, le alcanzó un hombre, que venía con mucha prisa en pos dél, y le preguntó si había él dado unos vestidos a un pobre, como el pobre decía; y respondiendo que sí, le saltaron las lágrimas de los ojos, de compasión del pobre a quien había dado los vestidos; de compasión, porque entendió que lo vejaban, pensando que los había hurtado. Mas por mucho que él huía la estimación, no pudo estar mucho en Manresa sin que las gentes dijesen grandes cosas, naciendo la opinión de lo de Monserrate; y

luego creció la fama a decir más de lo que era: que había dejando tanta renta, etc.

Capítulo III

19. Y él demandaba en Manresa limosna cada día. No comía carne, ni bebía vino, aunque se lo diesen. Los domingos no ayunaba, y si le daban un poco de vino, lo bebía. Y porque había sido muy curioso de curar el cabello, que en aquel tiempo se acostumbraba, y él lo tenía bueno, se determinó dejarlo andar así, según su naturaleza, sin peinarlo ni cortarlo, ni cubrirlo con alguna cosa de noche ni de día. Y por la misma causa dejaba crecer las uñas de los pies y de las manos, porque también en esto había sido curioso. Estando en este hospital le acaeció muchas veces en día claro ver una cosa en el aire junto de sí, la cual le daba mucha consolación, porque era muy hermosa en grande manera. No divisaba bien la especie de qué cosa era, mas en alguna manera le parecía que tenía forma de serpiente, y tenía muchas cosas que resplandecían como ojos, aunque no lo eran. Él se deleitaba mucho y consolaba en ver esta cosa; y cuanto más veces la veía, tanto más crecía la consolación; y cuando aquella cosa le desaparecía, le desplacía dello.

20. Hasta este tiempo siempre había perseverado cuasi en un mismo estado interior con una igualdad grande de alegría, sin tener ningún conocimiento de cosas interiores espirituales. Aquestos días que duraba aquella visión, o algún poco antes que comenzase (porque ella duró muchos días), le vino un pensamiento recio que le molestó, representándosele la dificultad de su vida, como que si le dijeran dentro del ánima: «¿y cómo podrás tu sufrir esta vida setenta años que has de vivir?» mas a esto le respondió también interiormente con grande fuerza (sintiendo que era del enemigo): «¡o miserable! ¿puédesme tú prometer una hora de vida?» y así venció la

tentación y quedó quieto. Y esta fue la primera tentación que le vino después de lo arriba dicho. Y fue esto entrando en una iglesia, en la cual oía cada día la misa mayor y las vísperas y completas, todo cantado, sintiendo en ello grande consolación; y ordinariamente leía a la misa la Pasión, procediendo siempre en su igualdad.

21. Mas luego después de la susodicha tentación empezó a tener grandes variedades en su alma, hallándose unas veces tan desabrido, que ni hallaba gusto en el rezar, ni en el oír la misa, ni en otra oración ninguna que hiciese; y otras veces viniéndole tanto al contrario desto, y tan súbitamente, que parecía habérsele quitado la tristeza y desolación, como quien quita una capa de los hombros a uno. Y aquí se empezó a espantar destas variedades, que nunca antes había probado, y a decir consigo: «¿qué nueva vida es esta, que ahora comenzamos?» en este tiempo conversaba todavía algunas veces con personas espirituales, las cuales le tenían crédito y deseaban conversarle; porque, aunque no tenía conocimiento de cosas espirituales, todavía en su hablar mostraba mucho hervor y mucha voluntad de ir adelante en el servicio de Dios. Había en Manresa en aquel tiempo una mujer de muchos días y muy antigua también en ser sierva de Dios, y conocida por tal en muchas partes de España; tanto, que el Rey católico la había llamado una vez para comunicalle algunas cosas. Esta mujer, tratando un día con el nuevo soldado de Cristo, le dijo: «oh, plega a mi Señor Jesu Cristo que os quiera aparecer un día». Mas él espantóse desto, tomando la cosa así a la grosa; ¿cómo me ha a mí de aparecer Jesu Cristo? Perseveraba siempre en sus sólitas confesiones y comuniones cada domingo.

22. Mas en esto vino a tener muchos trabajos de escrúpulos. Porque, aunque la confesión general, que había hecho en Monserrate, había sido con asaz diligencia, y toda por escrito, como está dicho, todavía le parecía a las veces que algunas cosas no había confesado, y esto le daba mucha aflicción; porque, aunque confesaba aquello, no quedaba satisfecho. Y así empezó a buscar algunos hombres espirituales, que le remediasen destos escrúpulos; mas ninguna cosa le ayudaba. Y en fin un doctor de la Seo, hombre muy espiritual, que allí predicaba, le dijo un día en la confesión, que escribiese todo lo que se podía acordar. Hízolo así; y después de confesado, todavía le tornaban los escrúpulos, adelgazándose cada vez las cosas, de modo que él se hallaba muy atribulado; y aunque casi conocía que aquellos escrúpulos le hacían mucho daño, que sería bueno quitarse dellos, mas no lo podía acabar consigo. Pensaba algunas veces que le sería remedio mandarle su confesor en nombre de Jesu Cristo que no confesase ninguna de las cosas pasadas, y así deseaba que el confesor se lo mandase, mas no tenía osadía para decírselo al confesor.

23. Mas, sin que él se lo dijese, el confesor vino a mandarle que no confesase ninguna cosa de las pasadas, si no fuese alguna cosa tan clara. Mas como él tenía todas aquellas cosas por muy claras, no aprovechaba nada este mandamiento, y así siempre quedaba con trabajo. A este tiempo estaba el dicho en una camarilla, que le habían dado los dominicanos en su monasterio, y perseveraba en sus siete horas de oración de rodillas, levantándose a media noche continuamente, y en todos los más ejercicios ya dichos; mas en todos ellos no hallaba ningún remedio para sus escrúpulos, siendo pasados muchos meses que le atormentaban; y una vez, de muy atribulado dellos, se puso en oración, con el fervor de la cual co-

menzó a dar gritos a Dios vocalmente, diciendo: «socórreme, Señor, que no hallo ningún remedio en los hombres, ni en ninguna criatura; que si yo pensase de poderlo hallar, ningún trabajo me sería grande. Muéstrame tú, Señor, dónde lo halle; que aunque sea menester ir en pos de un perrillo para que me dé el remedio, yo lo haré».

24. Estando en estos pensamientos, le venían muchas veces tentaciones con grande ímpetu para echarse de un agujero grande que aquella su cámara tenía, y estaba junto del lugar donde hacía oración. Mas conociendo que era pecado matarse, tornaba a gritar: «Señor, no haré cosa que te ofenda»; replicando estas palabras, así como las primeras, muchas veces. Y así le vino al pensamiento la historia de un santo, el cual, para alcanzar de Dios una cosa que mucho deseaba, estuvo sin comer muchos días hasta que la alcanzó. Y estando pensando en esto un buen rato, al fin se determinó de hacello, diciendo consigo mismo que ni comería ni bebería hasta que Dios le proveyese o que se viese ya del todo cercana la muerte; porque si le acaeciese verse in extremis, de modo que, si no comiese, se hubiese de morir luego, entonces determinaba de pedir pan y comer (cuasi vero lo pudiera él en aquel extremo pedir, ni comer).

25. Esto acaeció un domingo después de haberse comulgado; y toda la semana perseveró sin meter en la boca ninguna cosa, no dejando de hacer los sólitos ejercicios, etiam de ir a los oficios divinos, y de hacer su oración de rodillas, etiam a media noche, etc. Mas venido el otro domingo, que era menester ir a confesarse, como a su confesor solía decir lo que hacía muy menudamente, le dijo también cómo en aquella semana no había comido nada. El confesor le mandó que rom-

piese aquella abstinencia; y aunque él se hallaba con fuerzas todavía obedeció al confesor, y se halló aquel día y el otro libre de los escrúpulos; mas el tercero día, que era el martes, estando en oración, se comenzó acordar de los pecados; y así como una cosa que se iba enhilando, iba pensando de pecado en pecado del tiempo pasado, pareciéndole que era obligado otra vez a confesallos. Mas en la fin destos pensamientos le vinieron unos disgustos de la vida que hacía, con algunos ímpetus de dejalla; y con esto quiso el Señor que despertó como de sueño. Y como ya tenía alguna experiencia de la diversidad de espíritus con las lecciones que Dios le había dado, empezó a mirar por los medios con que aquel espíritu era venido, y así se determinó con grande claridad de no confesar más ninguna cosa de las pasadas; y así de aquel día adelante quedó libre de aquellos escrúpulos, teniendo por cierto que nuestro Señor le había querido librar por su misericordia.

26. Ultra de sus siete horas de oración, se ocupaba en ayudar algunas almas, que allí le venían a buscar, en cosas espirituales, y todo lo más del día que le vacaba, daba a pensar en cosas de Dios, de lo que había aquel día meditado o leído. Mas cuando se iba acostar, muchas veces le venían grandes noticias, grandes consolaciones espirituales, de modo que le hacían perder mucho del tiempo que él tenía destinado para dormir, que no era mucho; y mirando él algunas veces por esto, vino a pensar consigo que tenía tanto tiempo determinado para tratar con Dios, y después todo el resto del día; y por aquí empezó a dudar si venían de buen espíritu aquellas noticias, y vino a concluir consigo que era mejor dejallas, y dormir el tiempo destinado, y lo hizo así.

27. Y perseverando en la abstinencia de no comer carne, y estando firme en ella, que por ningún modo pensaba mudarse, un día a la mañana, cuando fue levantado, se le representó delante carne para comer, como que la viese con ojos corporales, sin haber precedido ningún deseo della; y le vino también juntamente un grande asenso de la voluntad para que de allí adelante la comiese; y aunque se acordaba de su propósito de antes, no podía dudar en ello, sino determinarse que debía comer carne. Y contándolo después a su confesor, el confesor le decía que mirase por ventura si era aquello tentación; mas él, examinándolo bien, nunca pudo dudar dello. En este tiempo le trataba Dios de la misma manera que trata un maestro de escuela a un niño, enseñándole; y ora esto fuese por su rudeza y grueso ingenio, o porque no tenía quien le enseñase, o por la firme voluntad que el mismo Dios le había dado para servirle, claramente él juzgaba y siempre ha juzgado que Dios le trataba desta manera; antes si dudase en esto, pensaría ofender a su divina majestad: y algo desto se puede ver por los cinco puntos siguientes.

28. Primero. Tenía mucha devoción a la santísima Trinidad, y así hacía cada día oración a las tres personas distintamente. Y haciendo también a la santísima Trinidad, le venía un pensamiento, que cómo hacía 4 oraciones a la Trinidad? mas este pensamiento, le daba poco o ningún trabajo, como cosa de poca importancia. Y estando un día rezando en las gradas del mismo monasterio las Horas de nuestra Señora, se le empezó a elevar el entendimiento, como que vía la santísima Trinidad en figura de tres teclas, y esto con tantas lágrimas y tantos sollozos, que no se podía valer. Y yendo aquella mañana en una procesión, que de allí salía, nunca pudo retener las lágrimas hasta el comer; ni después de comer podía dejar

de hablar sino en la santísima Trinidad; y esto con muchas comparaciones y muy diversas, y con mucho gozo y consolación; de modo que toda su vida le ha quedado esta impresión de sentir grande devoción haciendo oración a la santísima Trinidad.

29. 2.º Una vez se le representó en el entendimiento con grande alegría espiritual el modo con que Dios había criado el mundo, que le parecía ver una cosa blanca, de la cual salían algunos rayos, y que della hacía Dios lumbre. Mas estas cosas ni las sabía explicar, ni se acordaba del todo bien de aquellas noticias espirituales, que en aquellos tiempos le imprimía Dios en el alma. 3.º En la misma Manresa, a donde estuvo cuasi un año, después que empezó a ser consolado de Dios y vio el fruto que hacía en las almas tratándolas, dejó aquellos extremos que de antes tenía; ya se cortaba las uñas y cabellos. Así que, estando en este pueblo en la iglesia del dicho monasterio oyendo misa un día, y alzándose el corpus Domini, vio con los ojos interiores unos como rayos blancos que venían de arriba; y aunque esto después de tanto tiempo no lo puede bien explicar, todavía lo que él vio con el entendimiento claramente fue ver cómo estaba en aquel santísimo sacramento Jesu Cristo nuestro Señor. 4.º Muchas veces y por mucho tiempo, estando en oración, veía con los ojos interiores la humanidad de Cristo, y la figura, que le parecía era como un cuerpo blanco, no muy grande ni muy pequeño, mas no veía ninguna distinción de miembros. Esto vio en Manresa muchas veces: si dijese veinte o cuarenta, no se atrevería a juzgar que era mentira. Otra vez lo ha visto estando en Jerusalén, y otra vez caminando junto a Padua. A nuestra Señora también ha visto en símil forma, sin distinguir las partes. Estas cosas que ha visto le confirmaron entonces, y le

dieron tanta confirmación siempre de la fe, que muchas veces
ha pensado consigo: si no hubiese Escritura que nos enseñase
estas cosas de la fe, él se determinaría a morir por ellas, solamente por lo que ha visto.

30. 5.º Una vez iba por su devoción a una iglesia, que estaba
poco más de una milla de Manresa, que creo yo que se llama san Pablo, y el camino va junto al río; y yendo así en sus
devociones, se sentó un poco con la cara hacia el río, el cual
iba hondo. Y estando allí sentado se le empezaron abrir los
ojos del entendimiento; y no que viese alguna visión, sino entendiendo y conociendo muchas cosas, tanto de cosas espirituales, como de cosas de la fe y de letras; y esto con una ilus-
tración tan grande, que le parecían todas las cosas nuevas. Y
no se puede declarar los particulares que entendió entonces,
aunque fueron muchos, sino que recibió una grande claridad
en el entendimiento; de manera que en todo el discurso de
su vida, hasta pasados sesenta y dos años, coligiendo todas
cuantas ayudas haya tenido de Dios, y todas cuantas cosas
ha sabido, aunque las ayunte todas en uno, no le parece haber alcanzado tanto, como de aquella vez sola. Y esto fue en
tanta manera de quedar con el entendimiento ilustrado, que
le parecía como si fuese otro hombre y tuviese otro intelecto,
que tenía antes.

31. Y después que esto duró un buen rato, se fue a hincar
de rodillas a una cruz, que estaba allí cerca, a dar gracias
a Dios, y allí le apareció aquella visión que muchas veces le
aparecía y nunca la había conocido, es a saber, aquella cosa
que arriba se dijo, que le parecía muy hermosa, con muchos
ojos. Mas bien vio, estando delante de la cruz, que no tenía
aquella cosa tan hermosa color como solía; y tuvo un muy

claro conocimiento, con grande asenso de la voluntad, que aquel era el demonio; y así después muchas veces por mucho tiempo le solía aparecer, y él a modo de menosprecio lo desechaba con un bordón que solía traer en la mano.

32. Estando enfermo una vez en Manresa, llegó de una fiebre muy recia a punto de muerte, que claramente juzgaba que el ánima se le había de salir luego. Y en esto le venía un pensamiento que le decía que era justo, con el cual tomaba tanto trabajo, que no hacía sino repugnarle y poner sus pecados delante; y con este pensamiento tenía más trabajo que con la misma fiebre; mas no podía vencer el tal pensamiento por mucho que trabajaba por vencerle. Mas aliviado un poco de la fiebre, ya no estaba en aquel extremo de expirar, y empezó a dar grandes gritos a unas señoras, que eran allí venidas por visitalle, que por amor de Dios, cuando otra vez le viesen en punto de muerte, que le gritasen a grandes voces, diciéndole pecador, y que se acordase de las ofensas que había hecho a Dios.

33. Otra vez, viniendo de Valencia para Italia por mar con mucha tempestad, se le quebró el timón a la nave, y la cosa vino a términos que, a su juicio y de muchos que venían en la nave, naturalmente no se podría huir de la muerte. En este tiempo, examinándose bien, y preparándose para morir, no podía tener temor de sus pecados, ni de ser condenado; mas tenía grande confusión y dolor, por juzgar que no había empleado bien los dones y gracias que Dios Nuestro Señor le había comunicado. Otra vez el año de 50 estuvo muy malo de una muy recia enfermedad que a juicio suyo y aun de muchos, se tenía por la última. En este tiempo pensando en la muerte tenía tanta alegría y tanta consolación espiritual en

haber de morir, que se derretía todo en lágrimas; y esto vino a ser tan continuo, que muchas veces dejaba de pensar en la muerte, por no tener tanto de aquella consolación.

34. Viniendo el invierno, se enfermó de una enfermedad muy recia, y para curarle le ha puesto la ciudad en una casa del padre de un Ferrera, que después ha sido criado de Baltasar de Faria; y allí era curado con mucha diligencia; y por la devoción que ya tenían con él muchas señoras principales, le venían a velar de noche. Y rehaciéndose desta enfermedad, quedó todavía muy debilitado y con frecuente dolor de estómago. Y así por estas causas, como por ser el invierno muy frío, le hicieron que se vistiese y calzase y cubriese la cabeza; y así le hicieron tomar dos ropillas pardillas de paño muy grueso, y un bonete de lo mismo, como media gorra. Y a este tiempo había muchos días que él era muy ávido de platicar de cosas espirituales, y de hallar personas que fuesen capaces dellas. Íbase allegando el tiempo que él tenía pensado para partirse para Jerusalén.

35. Y así al principio del año de 23 se partió para Barcelona para embarcarse. Y aunque se le ofrecían algunas compañías, no quiso ir sino solo; que toda su cosa era tener a solo Dios por refugio. Y así un día a unos que le mucho instaban, porque no sabía lengua italiana ni latina, para que tomase una compañía, diciéndole cuánto le ayudaría, y loándosela mucho, él dijo que, aunque fuese hijo o hermano del duque de Cardona, no iría en su compañía; porque él deseaba tener tres virtudes: caridad y fe y esperanza; y llevando un compañero, cuando tuviese hambre esperaría ayuda dél; y cuando cayese, que le ayudaría a levantar; y así también se confiara dél y le ternía afición por estos respectos; y que esta

confianza y afición y esperanza la quería tener en solo Dios. Y esto, que decía desta manera, lo sentía así en su corazón. Y con estos pensamientos él tenía deseos de embarcarse, no solamente solo, mas sin ninguna provisión. Y empezando a negociar la embarcación, alcanzó del maestro de la nave que le llevase de valde, pues que no tenía dineros, mas con tal condición, que había de meter en la nave algún bizcocho para mantenerse, y que de otra manera de ningún modo del mundo le recibirían.

36. El cual bizcocho queriendo negociar, le vinieron grandes escrúpulos: ¿esta es la esperanza y la fe que tu tenías en Dios, que no te faltaría? etc. Y esto con tanta eficacia, que le daba gran trabajo. Y al fin, no sabiendo qué hacerse, porque dentrambas partes veía razones probables, se determinó de ponerse en manos de su confesor; y así le declaró cuánto deseaba seguir la perfección, y lo que más fuese gloria de Dios, y las causas que le hacían dudar si debería llevar mantenimiento. El confesor se resolvió que pidiese lo necesario y que lo llevase consigo; y pidiéndolo a una señora, ella le demandó para dónde se quería embarcar. El estuvo dudando un poco si se lo diría; y a la fin no se atrevió a decirle más, sino que venía a Italia y a Roma. Y ella, como espantada, dijo: «¿a Roma queréis ir? pues los que van allá, no sé cómo vienen»: (queriendo decir que se aprovechaban en Roma poco de cosas de espíritu). Y la causa por que él no osó decir que iba a Jerusalén fue por temor de la vanagloria; el cual temor tanto le afligía, que nunca osaba decir de qué tierra ni de qué casa era. Al fin, habido el bizcocho, se embarcó; mas hallándose en la playa con cinco o seis blancas, de las que le habían dado pidiendo por las puertas (porque desta manera solía vivir), las dejó en un banco que halló allí junto a la playa.

37. Y se embarcó, habiendo estado en Barcelona poco más de veinte días. Estando todavía aún en Barcelona antes que se embarcase, según su costumbre, buscaba todas las personas espirituales, aunque estuviesen en ermitas lejos de la ciudad, para tratar con ellas. Mas ni en Barcelona ni en Manresa, por todo el tiempo que allí estuvo, pudo hallar personas, que tanto le ayudasen como él deseaba; solamente en Manresa aquella mujer, de que arriba está dicho, que le dijera que rogaba a Dios le apareciese Jesu Cristo: esta sola le parecía que entraba más en las cosas espirituales. Y así, después de partido de Barcelona, perdió totalmente esta ansia de buscar personas espirituales.

Capítulo IV

38. Tuvieron viento tan recio en popa, que llegaron desde Barcelona hasta Gaeta en cinco días con sus noches, aunque con harto temor de todos por la mucha tempestad. Y por toda aquella tierra se temían de pestilencia; mas él, como desembarcó, comenzó a caminar para Roma. De aquellos que venían en la nave se le juntaron en compañía una madre, con una hija que traía en hábitos de muchacho, y un otro mozo. Estos le seguían, porque también mendicaban. Llegados a una casería, hallaron un grande fuego, y muchos soldados a él, los cuales les dieron de comer, y les daban mucho vino, invitándolos, de manera que parecía que tuviesen intento de escallentalles. Después los apartaron; poniendo la madre y la hija arriba en una cámara, y el peregrino con el mozo en un establo. Mas cuando vino la media noche, oyó que allá arriba se daban grandes gritos; y, levantándose para ver lo que era, halló la madre y la hija abajo en el patio muy llorosas, lamentándose que las querían forzar. A él le vino con esto un ímpetu tan grande, que empezó a gritar, diciendo: «¿esto se ha de sufrir?» y semejantes quejas; las cuales decía con tanta eficacia, que quedaron espantados todos los de la casa, sin que ninguno le hiciese mal ninguno. El mozo había ya huido, y todos tres empezaron a caminar así de noche.

39. Y llegados a una ciudad que estaba cerca, la hallaron cerrada; y no pudiendo entrar, pasaron todos tres aquella noche en una iglesia que allí estaba, llovida. A la mañana no les quisieron abrir la ciudad; y por de fuera no hallaban limosna, aunque fueron a un castillo que parecía cerca de allí, en el cual el peregrino se halló flaco, así del trabajo de la mar, como de lo demás etc. Y no pudiendo más caminar, se

quedó allí; y la madre y la hija se fueron hacia Roma. Aquel día salieron de la ciudad mucha gente; y sabiendo que venía allí la señora de la tierra, se le puso delante, diciéndole que de sola flaqueza estaba enfermo; que le pedía le dejase entrar en la ciudad para buscar algún remedio. Ella lo concedió fácilmente. Y empezando a mendicar por la ciudad, halló muchos cuatrines, y rehaciéndose allí dos días, tornó a proseguir su camino, y llegó a Roma el domingo de ramos.

40. Donde todos los que le hablaban, sabiendo que no llevaba dineros para Jerusalén, le empezaron a disuadir la ida, afirmándole con muchas razones que era imposible hallar pasaje sin dineros; mas él tenía una grande certidumbre en su alma, que no podía dudar, sino que había de hallar modo para ir a Jerusalén. Y habiendo tomado la bendición del papa Adriano sexto, después se partió para Venecia, ocho días o nueve después de pascua de resurrección. Llevaba todavía seis o siete ducados, los cuales le habían dado para el pasaje de Venecia a Jerusalén, y él los había tomado, vencido algo de los temores que le ponían de no pasar de otra manera. Mas dos días después de ser salido de Roma empezó a conocer que aquello había sido la desconfianza que había tenido, y le pesó mucho de haber tomado los ducados, y pensaba si sería bueno dejarlos. Mas al fin se determinó de gastarlos largamente en los que se ofrecían, que ordinariamente eran pobres. E hízolo de manera, que, cuando después llegó a Venecia, no llevaba más que algunos cuatrines, que aquella noche le fueron necesarios.

41. Todavía por este camino hasta Venecia, por las guardas que eran de pestilencia, dormía por los pórticos; y alguna vez le acaeció, en levantándose a la mañana, topar con un

hombre, el cual, en viendo que le vio, con grande espanto se puso a huir, porque parece que le debía de ver muy descolorido. Caminando así llegó a Choza, y con algunos compañeros que se le habían ajuntado supo que no les dejarían entrar en Venecia; y los compañeros determinaron ir a Padua para tomar allí cédula de sanidad, y así partió él con ellos; mas no pudo caminar tanto, porque caminaban muy recio. Dejándole, cuasi noche, en un grande campo; en el cual estando, le apareció Cristo de la manera que le solía aparecer, como arriba hemos dicho, y lo confortó mucho. Y con esta consolación, el otro día a la mañana, sin contrahacer cédula, como (creo) habían hecho sus compañeros, llega a la puerta de Padua y entra, sin que las guardas le demanden nada; y lo mismo le acaeció a la salida; de lo cual se espantaron mucho sus compañeros, que venían de tomar cédula para ir a Venecia, de la cual él no se curó.

42. Y llegados a Venecia vinieron las guardas a la barca para examinar a todos, uno por uno, cuantos había en ella; y a él solo dejaron. Manteníase en Venecia mendicando, y dormía en la plaza de San Marcos; mas nunca quiso ir a casa del embajador del emperador, ni hacía diligencia especial para buscar con que pudiese pasar; y tenía una gran certidumbre en su alma, que Dios le había de dar modo para ir a Jerusalén; y esta le confirmaba tanto, que ningunas razones y miedos que le ponían le podían hacer dudar. Un día le topó un hombre rico español y le preguntó lo que hacía y dónde quería ir; y sabiendo su intención, lo llevó a comer a su casa, y después lo tuvo algunos días hasta que se aparejó la partida. Tenía el peregrino esta costumbre ya desde Manresa, que, cuando comía con algunos, nunca hablaba en la tabla, si no fuese responder brevemente, mas estaba escuchando lo que se de-

cía, y cogiendo algunas cosas, de las cuales tomase ocasión para hablar de Dios; y, acabada la comida, lo hacía.

43. Y esta fue la causa porque el hombre de bien con toda su casa tanto se aficionaron a él, que le quisieron tener, y esforzaron a estar en ella; y el mismo huésped lo llevó al Duque de Venecia para que le hablase, id est, le hizo dar entrada y audiencia. El Duque, como oyó al peregrino, mandó que le diesen embarcación en la nave de los gobernadores que iban a Cipro. Aunque aquel año eran venidos muchos peregrinos a Jerusalén, los más dellos eran vueltos a sus tierras por el nuevo caso que había acaecido de la tomada de Rodas. Todavía había trece en la nave peregrina, que partió primero, y ocho o nueve quedaban para la de los gobernadores; la cual estando para partirse, le viene al nuestro peregrino una grave enfermedad de calenturas; y después de haberle tratado mal algunos días, le dejaron, y la nave se partía el día que él había tomado una purga. Preguntaron los de casa al médico si podría embarcarse para Jerusalén, y el médico dijo que, para allá ser sepultado, bien se podría embarcar; mas él se embarcó y partió aquel día; y vomitó tanto, que se halló muy ligero y fue del todo comenzando a sanar. En esta nave se hacían algunas suciedades y torpezas manifiestas, las cuales él reprendía con severidad.

44. Los españoles que allí iban le avisaban no lo hiciese, porque trataban los de la nave de dejarlo en alguna ínsula. Mas quiso nuestro Señor que llegaron presto a Cipro, a donde, dejada aquella nave, se fueron por tierra a otro puerto que se dice las Salinas, que estaba diez leguas de allí, y entraron en la nave peregrina, en la cual tampoco no metió más para su mantenimiento, que la esperanza que llevaba en Dios, como

había hecho en la otra. En todo este tiempo le aparecía muchas veces nuestro Señor, el cual le daba mucha consolación y esfuerzo; mas parescíale que vía una cosa redonda y grande, como si fuese de oro, y esto se le representaba después de partidos de Cipro llegaron a Jafa; y caminando para Jerusalén en sus asnillos, como se acostumbra, antes de llegar a Jerusalén dos millas, dijo un español, noble, según parecía, llamado por nombre Diego Manes, con mucha devoción a todos los peregrinos, que, pues de ahí a poco habían de llegar al lugar de donde se podría ver la santa ciudad, que sería bueno todos se aparejasen en sus consciencias, y que fuesen en silencio.

45. Y pareciendo bien a todos, se empezó cada uno a recoger; y un poco antes de llegar al lugar donde se veía, se apearon, porque vieron los frailes con la cruz, que los estaban esperando. Y viendo la ciudad tuvo el peregrino grande consolación; y según los otros decían, fue universal en todos, con una alegría que no parecía natural; y la misma devoción sintió siempre en las visitaciones de los lugares santos. Su firme propósito era quedarse en Jerusalén, visitando siempre aquellos lugares santos; y también tenía propósito, ultra desta devoción, de ayudar las ánimas; y para este efecto traía cartas de encomienda para el guardián, las cuales le dio y le dijo su intención de quedar allí por su devoción; mas no la segunda parte, de querer aprovechar las ánimas, porque esto a ninguno lo decía, y la primera había muchas veces publicado. El guardián le respondió que no veía cómo su quedada pudiese ser, porque la casa estaba en tanta necesidad, que no podía mantener los frailes, y por esa causa estaba determinado de mandar con los peregrinos algunos a estas partes. Y el peregrino respondió que no quería ninguna cosa de la casa, sino

solamente que, cuando algunas veces él viniese a confesarse, le oyesen de confesión. Y con esto el guardián le dijo, que de aquella manera se podría hacer; mas que esperase hasta que viniese el provincial (creo que era el supremo de la orden en aquella tierra), el cual estaba en Belén.

46. Con esta promesa se aseguró el peregrino, y empezó a escribir cartas para Barcelona para personas espirituales. Teniendo ya escrita una y estando escribiendo la otra, víspera de la partida de los peregrinos, le vienen a llamar de parte del provincial y del guardián porque había llegado; y el provincial le dice con buenas palabras cómo había sabido su buena intención de quedar en aquellos lugares santos; y que había bien pensado en la cosa; y que, por la experiencia que tenía de otros, juzgaba que no convenía. Porque muchos habían tenido aquel deseo, y quién había sido preso, quién muerto; y que después la religión quedaba obligada a rescatar los presos; y por tanto él se aparejase de ir el otro día con los peregrinos. El respondió a esto: que él tenía este propósito muy firme, y que juzgaba por ninguna cosa dejarlo de poner en obra; dando honestamente a entender que, aunque al provincial no le pareciese, si no fuese cosa que le obligase a pecado, que él no dejaría su propósito por ningún temor. A esto dijo el provincial que ellos tenían autoridad de la Sede apostólica para hacer ir de allí, o quedar allí, quien les pareciese, y para poder descomulgar a quien no les quisiese obedecer, y que en este caso ellos juzgaban que él no debía de quedar etc.

47. Y queriéndole demostrar las bulas, por las cuales le podían descomulgar, él dijo que no era menester verlas; que él creía a sus Reverencias; y pues que así juzgaban con la autoridad que tenían, que él les obedecería. Y acabado esto,

volviendo donde antes estaba, le vino grande deseo de tornar a visitar el monte Olivete antes que se partiese, ya que no era voluntad de nuestro Señor que él se quedase en aquellos santos lugares. En el monte Olivete está una piedra, de la cual subió nuestro Señor a los cielos, y se ven aún agora las pisadas impresas; y esto era lo que él quería tornar a ver. Y así, sin decir ninguna cosa ni tomar guía (porque los que van sin Turco por guía corren grande peligro), se descabulló de los otros, y se fue solo al monte Olivete. Y no lo querían dejar entrar las guardas. Les dio un cuchillo de las escribanías que llevaba; y después de haber hecho su oración con harta consolación, le vino deseo de ir a Betphage; y estando allá, se tornó a acordar que no había bien mirado en el monte Olivete a qué parte estaba el pie derecho, o a qué parte el izquierdo; y tornando allá creo que dio las tijeras a las guardas para que le dejasen entrar.

48. Cuando en el monasterio se supo que él era partido así sin guía, los frailes hicieron diligencias para buscarle; y así, descendiendo él del monte Olivete, topó con un cristiano de la cintura, que servía en el monasterio, el cual con un grande bastón y con muestra de grande enojo hacía señas de darle. Y llegando a él trabóle reciamente del brazo, y él se dejó fácilmente llevar. Mas el buen hombre nunca le desasió. Yendo por este camino así asido del cristiano de la cintura, tuvo de nuestro Señor grande consolación, que le parecía que vía Cristo sobre él siempre. Y esto, hasta que allegó al monasterio, duró siempre en grande abundancia.

Capítulo V

49. Partieron el otro día y, llegados a Cipro, los peregrinos se apartaron en diversas naves. Había en el puerto tres o cuatro naves para Venecia. Una de turcos, y otra era un navío muy pequeño, y la tercera era una nave muy rica y poderosa de un hombre rico veneciano. Al patrón desta pidieron algunos peregrinos quisiese llevar el peregrino; mas él, como supo que no tenía dineros, no quiso, aunque muchos se lo rogaron, alabándole etc. Y el patrón respondió que, si era santo, que pasase como pasó Santiago, o una cosa símile. Estos mismos rogadores lo alcanzaron muy fácilmente del patrón del pequeño navío. Partieron un día con próspero viento por la mañana, y a la tarde les vino una tempestad, con que se despartieron unas de otras, y la grande se fue a perder junto a las mismas islas de Cipro, y solo la gente salvó; y la nave de los turcos se perdió, y toda la gente con ella, con la misma tormenta. El navío pequeño pasó mucho trabajo, y al fin vinieron a tomar una tierra de la Pulla. Y esto en la fuerza del invierno; y hacía grandes fríos y nevaba; y el peregrino no llevaba más ropas que unos zaragüelles de tela gruesa hasta la rodilla, y las piernas nudas, con zapatos, y un jubón de tela negra, abierto con muchas cuchilladas por las espaldas, y una ropilla corta de poco pelo.

50. Llegó a Venecia mediado enero del año 24, habiendo estado en el mar desde Cipro todo el mes de noviembre y diciembre, y lo que era pasado de enero. En Venecia le halló uno de aquellos dos, que le habían acogido en su casa antes que partiese para Jerusalén, y le dio de limosna 15 o 16 julios y un pedazo de paño, del cual hizo muchos dobleces, y le puso sobre el estómago por el gran frío que hacía. Después

que el dicho peregrino entendió que era voluntad de Dios que no estuviese en Jerusalén, siempre vino consigo pensando quid agendum, y al fin se inclinaba más a estudiar algún tiempo para poder ayudar a las ánimas, y se determinaba ir a Barcelona; y así se partió de Venecia para Génova. Y estando un día en Ferrara en la iglesia principal, cumpliendo con sus devociones, un pobre le pidió limosna, y él le dio un marquete, que es moneda de 5 o 6 cuatrines. Y después de aquel vino otro, y le dio otra monedilla que tenía, algo mayor. Y al 3.º, no teniendo sino julios, le dio un julio, y como los pobres veían que daba limosna, no hacían sino venir, y así se acabó todo lo que traía. Y al fin vinieron muchos pobres juntos a pedir limosna. El respondió que le perdonasen, que no tenía más nada.

51. Y así se partió de Ferrara para Génova. Halló en el camino unos soldados españoles, que aquella noche le hicieron buen tratamiento; y se espantaron mucho cómo hacía aquel camino, porque era menester pasar cuasi por medio de entrambos los ejércitos, franceses y imperiales, y le rogaban que dejase la vía real, y que tomase otra segura que le enseñaban. Mas él no tomó su consejo; sino caminando su camino derecho, topó con un pueblo quemado y destruido, y así hasta la noche no halló quien le diese nada para comer. Mas cuando fue a puesta de Sol, llegó a un pueblo cercado, y las guardas le cogieron luego, pensando que fuese espía; y metiéndole en una casilla junto a la puerta, le empezaron a examinar, como se suele hacer cuando hay sospecha; y respondiendo a todas las preguntas que no sabía nada. Y le desnudaron, y hasta los zapatos le escudriñaron, y todas las partes del cuerpo, para ver si llevaba alguna letra. Y no pudiendo saber nada por ninguna vía, trabaron dél para que viniese al capitán;

que él le haría decir. Y diciendo él que le llevasen cubierto con su ropilla, no quisieron dársela, y lleváronle así con los zaragüelles y jubón arriba dichos.

52. En esta ida tuvo el peregrino como una representación de cuando llevaban a Cristo, aunque no fue visión como las otras. Y fue llevado por tres grandes calles; y él iba sin ninguna tristeza, antes con alegría y contentamiento. Él tenía por costumbre de hablar, a cualquiera persona que fuese, por vos, teniendo esta devoción, que así hablaba Cristo y los apóstoles etc. Yendo así por estas calles, le pasó por la fantasía que sería bueno dejar aquella costumbre en aquel trance y hablar por señoría al capitán, y esto con algunos temores de tormentos que le podían dar etc. Mas como conoció que era tentación: pues así es, dice, yo no le hablaré por señoría, ni le haré reverencia, ni le quitaré caperuza.

53. Llegan al palacio del capitán, y déjanle en una sala baja, y de allí a un rato le habla el capitán. Y él sin hacer ningún modo de cortesía, responde pocas palabras, y con notable espacio entre una y otra. Y el capitán le tuvo por loco, y así lo dijo a los que lo trajeron: «este hombre no tiene seso; dalde lo suyo y echaldo fuera». Salido de palacio, luego halló un español que allí vivía, el cual lo llevó así a su casa, y le dio con qué se desayunase y todo lo necesario para aquella noche. Y partido a la mañana, caminó hasta la tarde, que le vieron dos soldados que estaban en una torre, y bajaron a prendelle. Y llevándolo al capitán, que era francés, el capitán le preguntó entre las otras cosas, de qué tierra era: y entendiendo que era de Guipúzcoa, le dijo; «yo soy de allí de cerca», parece ser junto a Bayona; y luego dijo: «llevalde, y dalde de cenar, y hacelde buen tratamiento». En este camino de Ferrara para

Génova, pasó otras cosas muchas menudas, y a la fin llegó a Génova, adonde le conoció un vizcaíno que se llamaba Portuondo, que otras veces le había hablado cuando él servía en la corte del rey católico. Este le hizo embarcar en una nave que iba a Barcelona, en la cual corrió mucho peligro de ser tomado de Andrea Doria, que le dio caza, el cual entonces era francés.

Capítulo VI

54. Llegado a Barcelona comunicó su inclinación de estudiar con Guisabel Roscer, y con un Maestro Ardévol que enseñaba gramática. A entrambos pareció muy bien, y él se ofreció enseñarle de valde, y ella de dar lo que fuese menester para sustentarse. Tenía el peregrino en Manresa un fraile, creo que de san Bernardo, hombre muy espiritual, y con este deseaba estar para aprender, y para poderse dar más cómodamente al espíritu, y aún aprovechar a las ánimas. Y así respondió que aceptaba la oferta, si no hallase en Manresa la comodidad que esperaba. Mas ido allá halló que el fraile era muerto; y así, vuelto a Barcelona, comenzó a estudiar con harta diligencia. Mas impedíale mucho una cosa, y era que, cuando comenzaba a decorar, como es necesario en los principios de gramática, le venían nuevas inteligencias de cosas espirituales y nuevos gustos; y esto con tanta manera, que no podía decorar, ni por mucho que repugnase las podía echar.

55. Y así, pensando muchas veces sobre esto, decía consigo: «ni cuando yo me pongo en oración y estoy en la misa no me vienen estas inteligencias tan vivas»; y así poco a poco vino a conocer que aquello era tentación. Y después de hecha oración se fue a santa María de la Mar, junto a la casa del maestro, habiéndole rogado que le quisiese en aquella iglesia oír un poco. Y así sentados, le declara todo lo que pasaba por su alma fielmente, y cuán poco provecho hasta entonces por aquella causa había hecho; mas que él hacía promesa al dicho maestro, diciendo: «yo os prometo de nunca faltar de oíros estos dos años, en cuanto en Barcelona hallare pan y agua con que me pueda mantener». Y como hizo esta promesa con harta eficacia, nunca más tuvo aquellas tentaciones.

El dolor de estómago, que le tomó en Manresa, por causa del cual tomó zapatos, le dejó, y se halló bien del estómago desque partió para Jerusalén. Y por esta causa, estando en Barcelona estudiando, le vino deseo de tornar a las penitencias pasadas; y así empezó hacer un agujero en las suelas de los zapatos. Íbalos ensanchando poco a poco, de modo que, cuando llegó el frío del invierno, ya no traía sino la pieza de arriba.

56. Acabados dos años de estudiar, en los cuales, según le decían, había harto aprovechado, le decía su maestro que ya podía oír artes, y que se fuese a Alcalá. Mas todavía él se hizo examinar de un doctor en teología, el cual le aconsejó lo mismo: y así se partió solo para Alcalá, aunque ya tenía algunos compañeros, según creo. Llegado a Alcalá empezó a mendicar y vivir de limosnas. Y después, de allí a diez o doce días que vivía desta manera, un día un clérigo, y otros que estaban con él, viéndole pedir limosna, se empezaron a reír dél, y decirle algunas injurias, como se suele hacer a estos que, siendo sanos, mendican. Y pasando a este tiempo el que tenía cargo del hospital nuevo de Antezana, mostrando pesar de aquello, le llamó, y le llevó para el hospital, en el cual le dio una cámara y todo el necesario.

57. Estudió en Alcalá cuasi año y medio; y porque el año de 24.º en la cuaresma llegó en Barcelona en la cual estudió dos años, el año de 26 llegó Alcalá, y estudió términos de Soto, y física de Alberto, y el Maestro de las Sentencias. Y estando en Alcalá se ejercitaba en dar ejercicios espirituales, y en declarar la doctrina cristiana: y con esto se hacía fruto a gloria de Dios. Y muchas personas hubo, que vinieron en harta noticia y gusto de cosas espirituales; y otras tenían va-

rias tentaciones: como era una que queriéndose disciplinar, no lo podía hacer, como que le tuviesen la mano, y otras cosas símiles, que hacían rumores en el pueblo, máxime por el mucho concurso que se hacía adonde quiera que él declaraba la doctrina. Luego como allegó a Alcalá, tomó conocimiento con don Diego de Guía, el cual estaba en casa de su hermano que hacía emprenta en Alcalá, y tenía bien el necesario; y así le ayudaban con limosnas para mantener pobres, y tenía los tres compañeros del peregrino en su casa. Una vez, viniéndole a pedir limosna para algunas necesidades, dijo don Diego que no tenía dineros; mas abrióle una arca, en que tenía diversas cosas, y así le dio paramentos de lechos de diversas colores, y ciertos candeleros, y otras cosas semejantes, las cuales todas, envueltas en una sábana, el peregrino se puso sobre las espaldas, y fue a remediar los pobres. Acordarme he del temor que el mismo pasó una noche.

58. Como arriba está dicho, había grande rumor por toda aquella tierra de las cosas que se hacían en Alcalá, y quién decía de una manera, y quién de otra. Y llegó la cosa hasta Toledo a los inquisidores; los cuales venidos Alcalá, fue avisado el peregrino por el huésped dellos, diciéndole que les llamaban los ensayalados, y creo que alumbrados; y que habían de hacer carnicería en ellos. Y así empezaron luego hacer pesquisa y proceso de su vida, y al fin se volvieron a Toledo sin llamarles, habiendo venido por aquel solo efecto; y dejaron el proceso al vicario Figueroa, que agora está con el emperador. El cual de ahí algunos días les llamó y les dijo cómo se había hecho pesquisa y proceso de su vida por los inquisidores, y que no se hallaba ningún error en su doctrina ni en su vida, y que por tanto podían hacer lo mismo que hacían sin ningún impedimento. Mas no siendo ellos religiosos,

no parecía bien andar todos de un hábito; que sería bien, y se lo mandaba, que los dos, mostrando el peregrino y Artiaga, tiñesen sus ropas de negro; y los otros dos, Calixto y Cáceres, las tiñesen de leonado; y Juanico, que era mancebo francés, podría quedar así.

59. El peregrino dice que harán lo que les es mandado. Mas no sé, dice, qué provecho hacen estas inquisiciones: que a uno tal no le quiso dar un sacerdote el otro día el sacramento porque se comulga cada ocho días, y a mí me hacían dificultad. Nosotros queríamos saber si nos han hallado alguna herejía. «No, dice Figueroa, que si la hallaran, os quemaran.» «También os quemaran a vos, dice el peregrino, si os hallaran herejía.» Tiñen sus vestes, como les es mandado, y de ahí a quince o veinte días le manda el Figueroa al peregrino que no ande descalzo, mas que se calce; y él lo hace así quietamente, como en todas las cosas de esa cualidad que le mandaban. De ahí a cuatro meses el mismo Figueroa tornó a hacer pesquisa sobre ellos; y, ultra de las sólitas causas, creo que fuese también alguna ocasión, que una mujer casada y de cualidad tenía especial devoción al peregrino; y, por no ser vista, venía cubierta, como suelen en Alcalá de Henares, entre dos luces, a la mañana, al hospital; y entrando se descubría, y iba a la cámara del peregrino. Mas ni desta vez les hicieron nada; ni aun después de hecho el proceso les llamaron, ni dijeron cosa alguna. De lo que me contó Bustamante.

60. De ahí a otros cuatro meses que él estaba ya en una casilla, fuera del hospital, viene un día un alguacil a su puerta, y le llama y dice: «veníos un poco conmigo». Y dejándole en la cárcel, le dice: «no salgáis de aquí hasta que os sea ordenada otra cosa». Esto era en tiempo de verano, y él no estaba

estrecho, y así venían muchos a visitalle; y hacía lo mismo que libre, de hacer doctrina y dar ejercicios. No quiso nunca tomar abogado ni procurador, aunque muchos se ofrecían. Acuérdase especialmente de doña Teresa de Cárdenas, la cual le envió a visitar, y le hizo muchas veces ofertas de sacarle de allí; mas no aceptó nada, diciendo siempre: «aquel, por cuyo amor aquí entré, me sacará, si fuere servido dello». m.ª uno, y era confesor.

61. Diecisiete días estuvo en la prisión, sin que le examinasen ni él supiese la causa dello; al fin de los cuales vino Figueroa a la cárcel, y le examinó de muchas cosas, hasta preguntarle si hacía guardar el sábado. Y si conocía dos ciertas mujeres, que eran madre y hija; y desto dijo que sí. Y si había sabido de su partida antes que se partiesen; y dijo que no, por el juramento que había recibido. Y el vicario entonces, poniéndole la mano en el hombro con muestra de alegría, le dijo: «esta era la causa porque sois aquí venido». Entre las muchas personas que seguían al peregrino había una madre y una hija, entrambas viudas, y la hija muy moza, y muy vistosa, las cuales habían entrado mucho en espíritu, máxime la hija; y en tanto que, siendo nobles, eran idas a la Verónica de Jaén a pie, y no sé si mendicando, y solas; y esto hizo grande rumor en Alcalá; y el doctor Ciruelo, que tenía alguna protección dellas, pensó que el preso las había inducido, y por eso le hizo prender. Pues como el preso vio lo que había dicho el vicario, le dijo: «queréis que hable un poco más largo sobre esta materia?» dice: sí. «Pues habéis de saber, dice el preso, que estas dos mujeres muchas veces me han instado para que querían ir por todo el mundo servir a los pobres por unos hospitales y por otros; y yo las he siempre desviado deste propósito, por ser la hija tan moza y tan vistosa, etc.; y les

he dicho que, cuando quisiesen visitar a pobres, lo podían hacer en Alcalá, y ir acompañar el santísimo sacramento». Y acabadas estas pláticas, el Figueroa se fue con su notario, llevando escrito todo.

62. En aquel tiempo estaba Calixto en Segovia, y sabiendo de su prisión, se vino luego, aunque recién convalecido de una grande enfermedad, y se metió con él en la cárcel. Mas él le dijo que sería mejor irse presentar al vicario; el cual le hizo buen tratamiento, y le dijo que le mandaría ir a la cárcel, porque era menester que estuviese en ella hasta que viniesen aquellas mujeres, para ver si confirmaban con su dicho. Estuvo Calixto en la cárcel algunos días; mas viendo el peregrino que le hacía mal a la salud corporal, por estar aún no del todo sano, le hizo sacar por medio de un doctor, amigo mucho suyo. Desde el día que entró en la cárcel el peregrino, hasta que le sacaron, se pasaron cuarenta y dos días; al fin de los cuales, siendo ya venidas las dos devotas, fue el notario a la cárcel a leerle la sentencia, que fuese libre, y que se vistiesen como los otros estudiantes, y que no hablasen de cosas de la fe dentro de cuatro años que hubiesen más estudiado, pues que no sabían letras. Porque, a la verdad, el peregrino era el que sabía más, y ellas eran con poco fundamento: y esta era la primera cosa que él solía decir cuando le examinaban.

63. Con esta sentencia estuvo un poco dudoso lo que haría, porque parece que le tapaban la puerta para aprovechar a las ánimas, no le dando causa ninguna, sino porque no había estudiado. Y en fin él se determinó de ir al arzobispo de Toledo, Fonseca, y poner la cosa en sus manos. Partióse de Alcalá, y halló el arzobispo en Valladolid; y contándole la cosa que pasaba fielmente, le dijo que, aunque no estaba ya en su jurisdicción, ni era obligado a guardar la sentencia, todavía

haría en ello lo que ordenase (hablándole de vos, como solía a todos). El arzobispo le recibió muy bien, y [entendiendo que deseaba pasar a Salamanca, dijo] que también en Salamanca tenía amigos y un colegio, todo le ofreciendo; y le mandó luego, en se saliendo cuatro escudos.

Capítulo VII

64. Llegado a Salamanca, estando haciendo oración en una iglesia, le conoció una devota que era de la compañía, porque los cuatro compañeros ya había días que allí estaban, y le preguntó por su nombre, y así lo llevó a la posada de los compañeros. Cuando en Alcalá dieron sentencia que se vistiesen como estudiantes, dijo el peregrino: «cuando nos mandasteis teñir las vestes lo habemos hecho; mas agora esto no lo podemos hacer, porque no tenemos con qué comprarlas». Y así el mismo vicario les ha proveído de vestiduras y bonetes, y todo lo demás de estudiantes; y desta manera vestidos habían partido de Alcalá. Confesábase en Salamanca con un fraile de santo Domingo en san Esteban; y habiendo diez o doce días que era allegado, le dijo un día el confesor: «los Padres de la casa os querían hablar»; y él dijo: «en nombre de Dios». «Pues, dijo el confesor, será bueno que os vengáis acá a comer el domingo; mas de una cosa os aviso, que ellos querrán saber de vos muchas cosas». Y así el domingo vino con Calixto; y después de comer, el soprior, en ausencia del prior, con el confesor, y creo yo que con otro fraile, se fueron con ellos en una capilla, y el soprior con buena afabilidad empezó a decir cuán buenas nuevas tenían de su vida y costumbres, que andaban predicando a la apostólica; y que holgarían de saber destas cosas más particularmente. Y así comenzó a preguntar qué es lo que habían estudiado. Y el peregrino respondió: «entre todos nosotros el que más ha estudiado soy yo», y le dio claramente cuenta de lo poco que había estudiado, y con cuán poco fundamento.

65. Pues luego ¿qué es lo que predicáis? nosotros, dice el peregrino, no predicamos, sino con algunos familiarmente ha-

blamos cosas de Dios, como después de comer con algunas personas que nos llaman. Mas, dice el fraile, «¿de qué cosas de Dios habláis? que eso es lo que queríamos saber». «Hablamos, dice el peregrino, cuándo de una virtud, cuándo de otra, y esto alabando; cuándo de un vicio, cuándo de otro, y reprendiendo.» «Vosotros no sois letrados, dice el fraile, y habláis de virtudes y de vicios; y desto ninguno puede hablar sino en una de dos maneras: o por letras, o por el Espíritu santo. No por letras; ergo por Espíritu santo.» Aquí estuvo el peregrino un poco sobre sí, no le pareciendo bien aquella manera de argumentar; y después de haber callado un poco, dijo que no era menester hablar más destas materias. Instando el fraile: «pues agora que hay tantos errores de Erasmo y de tantos otros, que han engañado al mundo ¿no queréis declarar lo que decís?». Y esto que es del Espíritu santo, es lo que queríamos saber.

66. El peregrino dijo: «Padre, yo no diré más de lo que he dicho, si no fuese delante de mis superiores, que me pueden obligar a ello». Antes desto había demandado por qué venía Calixto así vestido, el cual traía un sayo corto y un grande sombrero en la cabeza, y un bordón en la mano, y unos botines cuasi hasta media pierna; y por ser muy grande, parecía más deforme. El peregrino le contó cómo habían sido presos en Alcalá, y les habían mandado vestir de estudiantes; y aquel su compañero, por las grandes calores, había dado su loba a un pobre clérigo. Aquí dijo el fraile como entre dientes, dando señas que no le placía: «La caridad empieza por sí mismo». Pues tornando a la historia, no pudiendo el soprior sacar otra palabra del peregrino sino aquella, dice: «pues quedaos aquí, que bien haremos con que lo digáis todo». Y así se van todos los frailes con alguna prisa. Preguntando primero

el peregrino si querrían que quedasen en aquella capilla, o adónde querrían que quedase, respondió el soprior, que quedasen en la capilla. Luego los frailes hicieron cerrar todas las puertas, y negociaron, según parece, con los jueces. Todavía los dos estuvieron en el monasterio tres días sin que nada se les hablase de parte de la justicia, comiendo en el refectorio con los frailes. Y cuasi siempre estaba llena su cámara de frailes, que venían a velles; y el peregrino siempre hablaba de lo que solía; de modo que entre ellos había ya como división, habiendo muchos que se mostraban afectados.

67. Al cabo de los tres días vino un notario y llevóles a la cárcel. Y no los pusieron con los malhechores en bajo, mas en un aposento alto, adonde, por ser cosa vieja y deshabitada, había mucha suciedad. Y pusiéronlos entrambos en una misma cadena, cada uno por su pie; y la cadena estaba apegada a un poste que estaba en medio de la casa, y sería larga de 10 o 13 palmos; y cada vez que uno quería hacer alguna cosa, era menester que el otro le acompañase. Y toda aquella noche estuvieron en vigilia. Al otro día, como se supo en la ciudad de su prisión, les mandaron a la cárcel en qué durmiesen, y todo el necesario abundantemente; y siempre venían muchos a visitalles, y el peregrino continuaba sus ejercicios de hablar de Dios etc. El bachiller Frías les vino a examinar a cada uno por sí, y el peregrino le dio todos sus papeles, que eran los Ejercicios, para que los examinasen. Y preguntándolos si tenían compañeros, dijeron que sí y adonde estaban, y luego fueron allí por mandado del bachiller, y trajeron a la cárcel Cáceres y Artiaga, y dejaron a Juanico, el cual después se hizo fraile. Mas no los pusieron arriba con los dos, sino abajo, adonde estaban los presos comunes. Aquí también menos quiso tomar abogado ni procurador.

68. Y algunos días después fue llamado delante de cuatro jueces, los tres doctores, San Isidoro, Paravinhas y Frías, y el cuarto el bachiller Frías, que ya todos habían visto los Ejercicios. Y aquí le preguntaron muchas cosas, no solo de los Ejercicios, mas de teología, verbi gratia, de la Trinidad y del Sacramento, cómo entendía estos artículos. Y él hizo su prefación primero. Y todavía, mandado por los jueces, dijo de tal manera, que no tuvieron qué reprehendelle. El bachiller Frías, que en estas cosas se había mostrado siempre más que los otros, le preguntó también un caso de cánones; y a todo fue obligado a responder, diciendo siempre primero que él no sabía lo que decían los doctores sobre aquellas cosas. Después le mandaron que declarase el primero mandamiento de la manera que solía declarar. El se puso a hacello, y detúvose tanto y dijo tantas cosas sobre el primero mandamiento, que no tuvieron gana de demandalle más. Antes desto, cuando hablaban de los Ejercicios, insistieron mucho en un solo punto, que estaba en ellos al principio; de cuándo un pensamiento es pecado venial, y de cuándo es mortal. Y la cosa era, porque, sin [ser] él letrado, determinaba aquello. El respondía: «si esto es verdad o no, allá lo determinad; y si no es verdad, condenaldo»; y al fin ellos, sin condenar nada, se partieron.

69. Entre muchos que venían hablalle a la cárcel vino una vez don Francisco de Mendoza, que agora se dice cardenal de Burgos, y vino con el bachiller Frías. Preguntándole familiarmente cómo se hallaba en la prisión y si le pesaba de estar preso, le respondió: «yo responderé lo que respondí hoy a una señora, que decía palabras de compasión por verme preso». Yo le dije: «en esto mostráis que no deseáis de estar

presa por amor de Dios. ¿Pues tanto mal os parece que es la prisión? pues yo os digo que no hay tantos grillos ni cadenas en Salamanca, que yo no deseo más por amor de Dios». Acaeció en este tiempo que los presos de la cárcel huyeron todos, y los dos compañeros, que estaban con ellos, no huyeron. Y cuando en la mañana fueron hallados con las puertas abiertas, y ellos solos sin ninguno, dio esto mucha edificación a todos, y hizo mucho rumor por la ciudad; y así luego les dieron todo un palacio, que estaba allí junto, por prisión.

70. Y a los veintidós días que estaban presos les llamaron a oír la sentencia, la cual era que no se hallaba ningún error ni en vida ni en doctrina; y que así podrían hacer como antes hacían, enseñando la doctrina y hablando de cosas de Dios, con tanto que nunca definiesen: esto es pecado mortal, o esto es pecado venial, si no fuese pasados cuatro años, que hubiesen más estudiado. Leída esta sentencia, los jueces mostraron mucho amor, como que querían que fuese aceptada. El peregrino dijo que él haría todo lo que la sentencia mandaba, mas que no la aceptaría; pues, sin condenalle en ninguna cosa, le cerraban la boca para que no ayudase los prójimos en lo que pudiese. Y por mucho que instó el doctor Frías, que se demostraba muy afectado, el peregrino no dijo más, sino que, en cuanto estuviese en la jurisdicción de Salamanca haría lo que se le mandaba. Luego fueron sacados de la cárcel, y él empezó a encomendar a Dios y a pensar lo que debía de hacer. Y hallaba dificultad grande de estar en Salamanca; porque para aprovechar las ánimas le parecía tener cerrada la puerta con esta prohibición de no definir de pecado mortal y de venial.

71. Y así se determinó de ir a París a estudiar. Cuando el peregrino en Barcelona consultaba si estudiaría y cuánto, toda su cosa era si, después que hubiese estudiado, si entraría en religión, o si andaría así por el mundo. Y cuando le venían pensamientos de entrar en religión, luego le venía deseo de entrar en una estragada y poco reformada, habiendo de entrar en religión, para poder más padecer en ella; y también pensando que quizá Dios les ayudaría a ellos; y dábale Dios una grande confianza que sufriría bien todas las afrentas y injurias que le hiciesen. Pues como a este tiempo de la prisión de Salamanca a él no le faltasen los mismos deseos que tenía de aprovechar a las ánimas, y para el efecto estudiar primero y ajuntar algunos del mismo propósito, y conservar los que tenía; determinado de ir para París, concertóse con ellos que ellos esperasen por allí, y que él iría para poder ver si podría hallar modo para que ellos pudiesen estudiar.

72. Muchas personas principales le hicieron grandes instancias que no se fuese, mas nunca lo pudieron acabar con él; antes quince o veinte días después de haber salido de la prisión, se partió solo, llevando algunos libros en un asnillo: y llegado a Barcelona, todos los que le conocían le disuadieron la pasada a Francia por las grandes guerras que había, contándole ejemplos muy particulares, hasta decirle que en asadores metían los españoles; mas nunca tuvo ningún modo de temor.

Capítulo VIII

73. Y así se partió para París solo y a pie, y llegó a París por el mes de febrero, poco más o menos; y según me cuenta, esto fue el año de 1528 o de 27. Púsose en una casa con algunos españoles, y iba a estudiar humanidad a Monteagudo. Y la causa fue, porque, como le habían hecho pasar adelante en los estudios con tanta prisa, hallábase muy falto de fundamentos; y estudiaba con los niños, pasando por la orden y manera de París. Por una cédula de Barcelona le dio un mercader, luego que llegó a París, veinticinco escudos, y estos dio a guardar a uno de los españoles de aquella posada, el cual en poco tiempo lo gastó, y no tenía con qué pagalle. Así que, pasada la cuaresma, ya el peregrino no tenía nada dellos, así por haber él gastado, como por la causa arriba dicha; y fue constreñido a mendicar, y aun a dejar la casa en que estaba. Cuando estaba preso en Alcalá, nació el príncipe de España; y por aquí se puede hacer la cuenta de todo, etiam de lo pasado.

74. Y fue recogido en el hospital de san Jaques, ultra los Inocentes. Tenía grande incomodidad para el estudio, porque el hospital estaba del colesio de Monteagudo un buen trecho, y era menester, para hallar la puerta abierta, venir al toque del Avemaría, y salir de día; y así no podía tan bien atender a sus lecciones. Era también otro impedimento el pedir limosna para se mantener. Ya había cuasi cinco años que no le tomaba el dolor de estómago, y así él empezó a darse a mayores penitencias y abstinencias. Pasando algún tiempo en esta vida del hospital y de mendicar, y viendo que aprovechaba poco en las letras, empezó a pensar qué haría; y viendo que

había algunos, que servían en los colegios a algunos regentes y tenían tiempo de estudiar, se determinó de buscar un amo.

75. Y hacía esta consideración consigo y propósito, en el cual hallaba consolación, imaginando que el maestro sería Cristo, y a uno de los escolares pornía nombre San Pedro, y a otro San Juan, y así a cada uno de los apóstoles; y cuando me mandare el maestro, pensaré que me manda Cristo; y cuando me mandare otro, pensaré que me manda San Pedro. Puso hartas diligencias por hallar amo: habló por una parte al bachiller Castro, y a un fraile de los Cartujos, que conocía muchos maestros, y a otros, y nunca fue posible que le hallasen un amo.

76. Y al fin, no hallando remedio, un fraile español le dijo un día que sería mejor irse cada año a Flandes, y perder dos meses, y aun menos, para traer con qué pudiese estudiar todo el año; y este medio, después de encomendarle a Dios, le pareció bueno. Y usando deste consejo, traía cada año de Flandes con que en alguna manera pasaba; y una vez pasó también a Inglaterra, y trajo más limosna de la que solía los otros años.

77. Venido de Flandes la primera vez, empezó más intensamente que solía a darse a conversaciones espirituales, y daba cuasi en un mismo tiempo ejercicios a tres, es a saber: a Peralta, y al bachiller Castro que estaba en Sorbona, y a un vizcaíno que estaba en santa Bárbara, por nombre Amador. Estos hicieron grandes mutaciones, y luego dieron todo lo que tenían a pobres, etiam los libros, y empezaron a pedir limosna por París, y fueronse a posar en el hospital de San Jaques, adonde de antes estaba el peregrino, y de donde ya era salido por las causas arriba dichas. Hizo esto grande al-

boroto en la universidad, por ser los dos primeros personas señaladas y muy conocidas. Y luego los españoles comenzaron a dar batalla a los dos maestros; y no los pudiendo vencer con muchas razones y persuasiones a que viniesen a la universidad, se fueron un día muchos con mano armada y los sacaron del hospital.

78. Y trayéndolos a la universidad, se vinieron a concertar en esto: que después que hubiesen acabado sus estudios, entonces llevasen adelante sus propósitos. El bachiller Castro después vino a España, y predicó en Burgos algún tiempo, y se puso fraile cartujo en Valencia. Peralta se partió para Jerusalén a pie y peregrinando. Desta manera fue tomado en Italia por un capitán, su pariente, el cual tuvo medios con que le llevó al papa, y hizo que le mandase que se tornase para España. Estas cosas no pasaron luego, sino algunos años después. Levantáronse en París grandes murmuraciones, máxime entre españoles, contra el peregrino; y nuestro maestro de Govea, diciendo que había hecho loco a Amador, que estaba en su colesio, se determinó y lo dijo, la primera vez que viniese a santa Bárbara, le haría dar un sala por seductor de los escolares.

79. El español, en cuya compañía había estado al principio, y le había gastado los dineros, sin se los pagar se partió para España por vía de Ruán; y estando esperando pasaje en Ruán, cayó malo. Y estando así enfermo, lo supo el peregrino por una carta suya; y viniéronle deseos de irle a visitar y ayudar; pensando también que en aquella conjunción le podría ganar para que, dejando el mundo, se entregase del todo al servicio de Dios. Y para poder conseguirlo le venía deseo de andar aquellas 28 leguas que hay de París a Ruán a pie descalzo sin

comer ni beber; y haciendo oración sobre esto, se sentía muy temeroso. Al fin fue a Santo Domingo, y allí se resolvió a andar al modo dicho habiendo ya pasado aquel grande temor que sentía de tentar a Dios. Al día siguiente por la mañana en que debía partir, se levantó de madrugada, y al comenzar a vestirse le vino un temor tan grande que casi le parecía que no podía vestirse. A pesar de aquella repugnancia salió de casa, y aun de la ciudad antes que entrase el día. Con todo, el temor le duraba siempre y le siguió hasta Argenteuil, que es un pueblo distante tres leguas de París en dirección de Ruán donde se dice que se conserva la vestidura de Nuestro Señor. Pasado aquel pueblo con este apuro espiritual, subiendo a un altozano, le comenzó a dejar aquella cosa y le vino una gran consolación y esfuerzo espiritual, con tanta alegría, que empezó a gritar por aquellos campos y hablar con Dios etc. Y se albergó aquella noche con un pobre mendigo en un hospital habiendo caminado aquel día 14 leguas. Al día siguiente fue a recogerse en un pajar y al tercer día llegó a Ruán. En todo este tiempo permaneció sin comer ni beber y descalzo como había determinado. En Ruán consoló al enfermo y ayudó a ponerlo en una nave para ir a España; y le dio cartas, dirigiéndole a los compañeros que estaban en Salamanca, esto es Calixto, Cáceres y Arteaga.

80. Y para no hablar más de estos su fin fue el que sigue: Mientras el peregrino estaba en París les escribía con frecuencia según el acuerdo que habían tomado, mostrándole las pocas facilidades que había para hacerles venir a estudiar en París. A pesar de esto, se ingenió para escribir a doña Leonor Mascarenhas que ayudase a Calixto con cartas para la corte del rey de Portugal, a fin de que pudiese tener una beca de las que el rey de Portugal daba en París. Doña Leonor dio

las cartas a Calixto y una mula para el viaje, y dinero para los gastos. Calixto se fue a la corte de Portugal, pero al fin no fue a París; antes volviendo a España se fue a la India del emperador con una cierta mujer espiritual. Y después, vuelto a España, marchó otra vez a la misma India, y entonces regresó a España rico, e hizo maravillar en Salamanca a todos los que antes le habían conocido. Cáceres volvió a Segovia, que era su patria, y allí comenzó a vivir de tal modo, que parecía haberse olvidado del primer propósito. Arteaga fue hecho comendador. Después, estando ya la Compañía en Roma, le dieron un obispado de Indias. El escribió al peregrino que lo diese a uno de la Compañía, y habiéndosele respondido negativamente, se fue a la India del emperador, hecho obispo, y allí murió por un accidente extraño, esto es, que, estando él enfermo, y habiendo dos frascos de agua para refrescarse, uno del agua que el médico le prescribía, y el otro de agua de solimán venenosa, le dieron por error el segundo, que lo mató.

81. El peregrino volvió de Ruán a París, y encontró que, por lo que había pasado con Castro y Peralta, se habían levantado grandes rumores acerca de él, y que el inquisidor le había hecho llamar. Mas él no quiso esperar, y se fue al inquisidor, diciéndole que había oído que lo buscaba; que estaba dispuesto a todo lo que quisiese (este inquisidor se llamaba nuestro maestro Ori, fraile de Santo Domingo), pero que le rogaba que lo despachase pronto porque tenía intención de entrar por San Remigio de aquel año en el curso de Artes; que deseaba que esto pasase antes, para poder mejor atender a sus estudios. Pero el inquisidor no le volvió a llamar, sino solo le dijo que era verdad que le habían hablado de sus cosas, etc.

82. Poco después vino San Remigio, que cae al principio de octubre, y entró a oír el curso de Artes bajo un Maestro llamado Mro. Juan Pena, y entró con propósito de conservar aquellos que habían propuesto servir al Señor, pero no seguir buscando otros, a fin de poder estudiar más cómodamente. Empezando a oír las lecciones del curso, comenzaron a venirle las mismas tentaciones que le habían venido cuando en Barcelona estudiaba gramática; y cada vez que oía la lección, no podía estar atento, con las muchas cosas espirituales que le ocurrían. Y viendo que de este modo hacía poco provecho en las letras, se fue a su maestro le prometió que no faltaría nunca de seguir todo el curso, mientras pudiese encontrar pan y agua para poder sustentarse. Y hecha esta promesa, todas aquellas devociones que le venían fuera de tiempo le dejaron, y prosiguió sus estudios tranquilamente. En este tiempo conversaba con Mro. Pedro Fabro con Mro. Francisco Javier, los cuales después ganó para el servicio de Dios por medio de los Ejercicios. En aquel tiempo del curso no le perseguían como antes. Y a este propósito, una vez le dijo el doctor Frago que se maravillaba de que anduviese tan tranquilo, sin que nadie le molestase. Y él le respondió: La cosa es porque yo no hablo con nadie de las cosas de Dios; pero, terminado el curso, volveremos a lo de siempre.

83. Y mientras los dos hablaban, se acercó un fraile para pedir al doctor Frago que le buscase una casa, porque en aquella donde él se hospedaba habían muerto muchos, y creía que de peste, porque entonces comenzaba la peste en París. El doctor Frago y el peregrino quisieron ir a ver la casa, y llevaron a una mujer que entendía mucho en esto, la cual, entrando en la casa, afirmó que era peste. El peregrino quiso entrar

también, y encontrando un enfermo, lo consoló, tocándole en la mano la llaga; y después de haberle consolado y animado un poco, se fue solo; y la mano le empezó a doler, de modo que le pareció que tenía la peste. Y esta imaginación era tan vehemente, que no la podía vencer, hasta que con gran ímpetu se metió la mano en la boca, dándole muchas vueltas dentro, diciendo: —Si tú tienes la peste en la mano, la tendrás también en la boca. Y habiendo hecho esto, se le quitó la imaginación y el dolor en la mano.

84. Pero, cuando volvió al colegio de Santa Bárbara, donde entonces vivía y seguía el curso, los del colegio, que sabían que había estado en la casa apestada, huían de él, y no quisieron dejarle entrar; y así se vio obligado a vivir fuera algunos días. Es costumbre en París que los que estudian Artes, al tercer año, para hacerse bachilleres, tomen una piedra, como ellos dicen; y como en esto se gasta un escudo, algunos estudiantes muy pobres no lo pueden hacer. El peregrino empezó a dudar si sería bueno que la tomase; y encontrándose muy dudoso y sin resolverse, deliberó poner el asunto en manos de su maestro; y aconsejándole éste que la tomase, la tomó. A pesar de lo cual no faltaron murmuradores, a lo menos un español, que lo notó. En París se encontraba ya a este tiempo muy mal del estómago, de modo que cada quince días tenía dolor de estómago, que le duraba una hora larga y le hacía venir fiebre. Y una vez le duró el dolor de estómago dieciséis o diecisiete horas. Y habiendo ya en este tiempo pasado el curso de las Artes, y habiendo estudiado algunos años teología y ganando a los compañeros, la enfermedad iba siempre muy adelante, sin poder encontrar ningún remedio, aun cuando se probasen muchos.

85. Los médicos decían que no quedaba otro remedio que el aire natal. Además, los compañeros le aconsejaban lo mismo y le hicieron grandes instancias. Ya por este tiempo habían decidido todos lo que tenían que hacer, esto es: ir a Venecia y a Jerusalén y gastar su vida en provecho de las almas; y si no consiguiesen permiso para quedarse en Jerusalén, volver a Roma y presentarse al Vicario de Cristo, para que los emplease en lo que Juzgase ser de más gloria de Dios y utilidad de las almas. Habían propuesto también esperar un año la embarcación en Venecia y si no hubiese aquel año embarcación para Levante, quedarían libres del voto de Jerusalén y acudirían al Papa, etc. Al fin, el peregrino se dejó persuadir por los compañeros, y también porque los españoles de entre ellos tenían algunos asuntos que él podía despachar. Y lo que se acordó fue que, después que él se encontrase bien, fuese a despachar los asuntos de los compañeros, y después se dirigiese a Venecia y esperase allí a los compañeros.

86. Esto era el año 35, y los compañeros estaban para partir, según el pacto, el año 37, el día de la conversión de San Pablo, aun cuando después, por las guerras que vinieron, partieron el año 36, en noviembre. Y estando el peregrino para partir, oyó que le habían acusado al inquisidor y que se había hecho proceso contra él. Oyendo esto y viendo que no le llamaban, se fue al inquisidor y le dijo lo que había oído, y que estaba para marcharse a España, y que tenía compañeros que le rogaba que diese sentencia. El inquisidor dijo que era verdad lo de la acusación, pero que no veía que hubiese cosa de importancia. Solamente quería ver sus escritos de los Ejercicios; y habiéndolos visto, los alabó mucho y le pidió al peregrino que le dejase la copia de ellos; y así lo hizo. Con todo esto, volvió a instar para que quisiese seguir adelante en

el proceso hasta dictar la sentencia. Y excusándose el inquisidor, fue él con un notario público y con testigos a su casa y
tomó fe de todo ello.

Capítulo IX

87. Y hecho esto, montó en un caballo pequeño que los compañeros habían comprado, y se fue solo hacia su tierra. En el camino se encontró mucho mejor. Y llegando a la Provincia dejó el camino común y tomó el del monte, que era más solitario; por el cual caminando un poco, encontró dos hombres armados que venían a su encuentro (y tiene aquel camino alguna mala fama por los asesinos), los cuales, después de haberle adelantado un poco, volvieron atrás, siguiéndole con mucha prisa, y tuvo un poco de miedo. Con todo, habló con ellos, y supo que eran criados de su hermano, el cual los mandaba para buscarle. Porque, según parece, de Bayona de Francia, donde el peregrino fue reconocido, había tenido noticia de su venida; y así ellos anduvieron delante, y el siguió por el mismo camino. Y un poco antes de llegar a la tierra, encontró a los susodichos que le salían al encuentro, los cuales le hicieron muchas instancias para conducirlo a casa del hermano, pero no le pudieron forzar. Así se fue al hospital, y después, a hora conveniente, fue a buscar limosna en el pueblo.

88. Y en este hospital comenzó a hablar con muchos que fueron a visitarle de las cosas de Dios, por cuya gracia se hizo mucho fruto. Tan pronto como llegó, determinó enseñar la doctrina cristiana cada día a los niños; pero su hermano se opuso mucho a ello, asegurando que nadie acudiría. El respondió que le bastaría con uno. Pero después que comenzó a hacerlo, iban continuamente muchos a oírle, y aun su mismo hermano. Además de la doctrina cristiana, predicaba también los domingos y fiestas, con utilidad y provecho de las almas, que de muchas millas venían a oírle. Se esforzó tam-

bién por suprimir algunos abusos, y con la ayuda de Dios se puso orden en alguno, verbi gratia: en el juego, hizo que con ejecución se prohibiese, persuadiéndolo al que tenía el cargo de la justicia. Había también allá un abuso, y era éste: en aquel país las muchachas van siempre con la cabeza descubierta, y no se cubren hasta que se casan, pero hay muchas que se hacen concubinas de sacerdotes y otros hombres y les guardan fidelidad, como si fuesen sus mujeres. Y esto es tan común, que las concubinas no tienen ninguna vergüenza en decir que se han cubierto la cabeza por alguno, y por tales son conocidas.

89. Del cual uso nace mucho mal. El peregrino persuadió al gobernador que hiciese una ley, según la cual todas aquellas que se cubriesen la cabeza por alguno, no siendo sus mujeres, fuesen castigadas por la justicia; y de este modo empezó a quitarse este abuso. Hizo que se diese orden para que a los pobres se les socorriese publica y ordinariamente, y que se tocase tres veces el «Ave María», esto es, por la mañana, al mediodía y a la tarde, para que el pueblo hiciese oración, como en Roma. Mas, aunque al principio se encontraba bien, después se enfermó gravemente. Y después que se curó, decidió partirse para despachar los asuntos que le habían confiado sus compañeros, y partirse sin dinero; de lo cual se enojó mucho su hermano, avergonzándose de que quisiese ir a pie. Y por la tarde el peregrino quiso condescender en esto de ir hasta el fin de la Provincia a caballo con su hermano y con sus parientes.

90. Pero, cuando hubo salido de la Provincia, dejó el caballo, sin tomar nada, y se fue en dirección de Pamplona, y de allí a Amazán, pueblo del P. Laínez, y después a Sigüenza y

Toledo, y de Toledo a Valencia. Y en todas estas tierras de los compañeros no quiso tomar nada, aun cuando le hiciesen grandes ofrecimientos con mucha insistencia. En Valencia habló con Castro, que era monje cartujo; y queriéndose embarcar para venir a Génova, los devotos de Valencia le rogaron que no lo hiciese, porque decían que estaba en el mar Barbarroja con muchas galeras, etc. Y por muchas cosas que le dijeron, suficientes para ponerle miedo, con todo, nada bastó para hacerle dudar.

91. Y embarcando en una nave grande, pasó la tempestad de la cual se ha hecho mención más arriba, cuando se dijo que estuvo tres veces a punto de muerte. Llegado a Génova, emprendió el camino hacia Bolonia, y en él sufrió mucho, máxime una vez que perdió el camino y empezó a andar junto a un río, el cual estaba abajo y el camino en alto, y este camino, cuanto más andaba, se iba haciendo más estrecho; y llegó a estrecharse tanto, que no podía seguir adelante, ni volver atrás, de modo que empezó a andar a gatas, y así caminó un gran trecho con gran miedo, porque cada vez que se movía creía que caía en el río. Y esta fue la más grande fatiga y penalidad corporal que jamás tuvo; pero al fin salió del apuro. Y queriendo entrar en Bolonia teniendo que atravesar un puentecillo de madera, cayó abajo del puente; y así, levantándose cargado de barro y de agua, hizo reír a muchos que se hallaron presentes. Y entrando en Bolonia, empezó a pedir limosna, y no encontró ni siquiera un cuatrín, aunque la recorrió toda. Estuvo en Bolonia algún tiempo enfermo; después se fue a Venecia siempre de la misma manera.

Capítulo X

92. En Venecia por aquel tiempo se ejercitaba en dar los ejercicios y en otras conversaciones espirituales. Las personas mas señaladas a quienes los dio son Mro. Pedro Contarini y Mro. Gaspar de Doctis, y un español llamado por nombre Rozas. Y estaba también allá otro español, que se llamaba el bachiller Hoces, el cual trataba mucho con el peregrino y también con el obispo de Cette, y aunque tenía algún deseo de hacer los ejercicios, con todo no lo ponía en ejecución. Al fin resolvió hacerlos; y después que los hizo, a los tres o cuatro días, expuso su intención al peregrino, diciéndole que tenía miedo no fuese que le enseñase en los ejercicios alguna doctrina mala, por las cosas que le había dicho un tal. Y por eso había llevado consigo ciertos libros para recurrir a ellos en el caso de que quisiese engañarle. Este se ayudó muy notablemente en los, ejercicios, y al fin se resolvió a seguir el camino del peregrino. Fue también el primero que murió.

93. En Venecia tuvo también el peregrino otra persecución, pues, había muchos que decían que había sido quemada su estatua en España y en París. Y pasó eso tan adelante, que se hizo proceso, y fue dada sentencia en favor del peregrino. Los nueve compañeros llegaron a Venecia a principio del 37. Allí se dividieron para servir en diversos hospitales. Después de dos o tres meses se fueron todos a Roma para tomar la bendición para pasar a Jerusalén. El peregrino no fue por causa del doctor Ortiz, y también del nuevo cardenal Teatino. Los compañeros volvieron de Roma con pólizas de 200 o 300 escudos, los cuales le fueron dados de limosna para pasar a Jerusalén, y ellos no los quisieron tomar mas que en pólizas. Estos escudos, después, no pudiendo ir a Jerusalén,

los devolvieron a aquellos que se los habían dado. Los compañeros volvieron a Venecia del mismo modo que habían ido, es decir, a pie y mendigando, pero divididos en tres grupos, y de tal modo que siempre eran de diferentes naciones. En Venecia se ordenaron de misa los que no estaban ordenados, y les dio licencia el nuncio que estaba entonces en Venecia, el cual después se llamó el cardenal Verallo. Se ordenaron a título de pobreza, haciendo todos votos de castidad y pobreza.

94. Aquel año no había naves que fuesen a Levante, porque los habían roto con los turcos. Y así ellos, viendo que se alejaba la esperanza de pasar a Jerusalén, se dividieron por el Veneto con intención de esperar el año que habían determinado, y si después de cumplido no hubiese pasaje, se irían a Roma. Al peregrino tocó ir con Fabro y Laínez a Vicenza. Allí encontraron una cierta casa fuera de la ciudad, que no tenía ni puertas ni ventanas, en la cual dormían sobre un poco de paja que habían llevado. Dos de ellos iban siempre a pedir limosna en la ciudad dos veces al día, y era tan poco lo que traían, que casi no podían sustentarse. Ordinariamente comían un poco de pan cocido, cuando lo tenían, y cuidaba de cocerlo el que quedaba en casa. De este modo pasaron cuarenta días, no atendiendo más que a la oración.

95. Pasados los cuarenta días, llegó el Mro. Juan Coduri, y los cuatro decidieron empezar a predicar, y dirigiéndose los cuatro a diversas plazas, en el mismo día y a la misma hora comenzaron su sermón, gritando primero fuerte y llamando a la gente con el bonete. Con estos sermones se hizo mucho ruido en la ciudad, y muchas personas se movieron a devoción, y ellos tenían con más abundancia las cosas necesarias para la vida. En el tiempo que estuvo en Vicenza tuvo mu-

chas visiones espirituales, y muchas, casi ordinarias, consolaciones; y lo contrario le sucedió en París. Principalmente, cuando comenzó a prepararse para ser sacerdote en Venecia, y cuando se preparaba para decir la misa, durante todos aquellos viajes tuvo grandes visitaciones sobrenaturales de aquellas que solía tener cuando estaba en Manresa. También estando en Vicenza supo que uno de los compañeros, que estaba en Bassano, se encontraba enfermo y a punto de morir, y él se hallaba también en aquel mismo tiempo enfermo de fiebre. Con todo, se puso en camino, y andaba tan fuerte, que Fabro, su compañero, no le podía seguir. Y en este viaje tuvo certidumbre de Dios, y lo dijo a Fabro, que el compañero no moriría de aquella enfermedad. Y llegando a Bassano, el enfermo se consoló mucho y sanó pronto. Después volvieron todos a Vicenza, y estuvieron allá por algún tiempo los diez, y algunos iban a pedir limosna por los pueblos cercanos.

96. Después, acabado el año, y no encontrándose pasaje, decidieron ir a Roma, y también quiso ir el peregrino, porque la otra vez, cuando fueron a Roma los compañeros, aquellos dos de los cuales él dudaba, se mostraron muy benévolos. Se dirigieron a Roma, divididos en tres o cuatro grupos, y el peregrino con Fabro y Laínez; y en este viaje fue muy especialmente visitado del Señor. Había determinado, después que fuese sacerdote, estar un año sin decir misa, preparándose y rogando a la Virgen que le quisiese poner con su Hijo. Y estando un día, algunas millas antes de llegar a Roma, en una iglesia, y haciendo oración, sintió tal mutación en su alma y vio tan claramente que Dios Padre le ponía con Cristo, su Hijo, que no tendría ánimo para dudar de esto, sino que Dios Padre le ponía con su Hijo.

97. Después, viniendo a Roma, dijo a los compañeros que veía las ventanas cerradas, queriendo decir que habían de tener allí muchas contradicciones. Y dijo también: —Debemos estar muy sobre nosotros mismos y no entablar conversación con mujeres, si no fuesen ilustres—. Y a este propósito, después en Roma Mro. Francisco confesaba a una mujer y la visitaba alguna vez para tratar de cosas espirituales, y esta mujer fue encontrada después encinta; pero quiso el Señor que se descubriese el que había hecho el mal. Algo semejante sucedió a Juan Coduri con una hija espiritual suya, que fue encontrada con un hombre. Y yo, que escribo estas cosas, dije al peregrino, cuando me narraba esto, que Laínez lo contaba con otros pormenores, según había yo oído. Y él me dijo que todo lo que decía Laínez era verdad, porque él no se acordaba tan detalladamente; pero entonces, cuando lo narraba, sabe cierto que no había dicho más que la verdad. Esto mismo me dijo entre otras cosas.

Capítulo XI

98. Desde Roma fue el peregrino a Montecasino para dar los ejercicios al doctor Ortiz, y permaneció allí cuarenta días, en los cuales vio una vez al bachiller Hoces que entraba en el cielo, y en esto tuvo grandes lágrimas y gran consolación espiritual; y esto lo vio tan claramente, que si dijese lo contrario le parecería que decía mentira. Y Montecasino trajo consigo a Francisco Estrada. Volviendo a Roma, se ejercitaba en ayuda de las almas, y estaban todavía en la viña, y daba los ejercicios espirituales a un mismo tiempo a varios; de los cuales uno estaba en Santa María la Mayor y el otro junto al Puente Sixto. Comenzaron después las persecuciones, y comenzó Miguel a molestar y hablar mal del peregrino, el cual le hizo llamar en presencia del gobernador, mostrando antes a este una carta de Miguel en la que alababa mucho al peregrino. El gobernador examinó a Miguel y la conclusión fue expulsarlo de Roma. Después empezaron a perseguir Mudarra y Barreda, diciendo que el peregrino y los compañeros eran fugitivos de España, de París y Venecia. Al fin, en presencia del gobernador y del que entonces era legado de Roma, los dos confesaron que no tenían nada malo que decir contra ellos ni en las costumbres ni en la doctrina. El legado mandó que se impusiese silencia en toda aquella causa, pero el peregrino no lo aceptó, diciendo que quería la sentencia final. No gusto esto al legado ni al gobernador, ni siquiera a aquellos que favorecían antes al peregrino; pero al fin, después de algunos meses, vino el Papa a Roma. El peregrino fue a Frascati para hablar con él, y le representó algunas razones, y el papa se hizo cargo y mandó se diese sentencia, la cual se dio a su favor, etc. Hiciéronse en Roma con ayuda del peregrino y de los compañeros algunas obras pías, como son

los catecúmenos, Santa Marta, los Huérfanos, etc. Las otras cosas podrá contarlas el Mro. Nadal.

99. Yo, después de contadas estas cosas, a 20 de octubre pregunté al peregrino sobre los Ejercicios y las Constituciones, deseando saber cómo las había hecho. El me dijo que los Ejercicios no los había hecho todos de una sola vez, sino que algunas cosas que observaba en su alma y las encontraba útiles, le parecía que podrían ser útiles también a otros, y así las ponía por escrito, verbi gratia, del examinar la conciencia con aquel modo de las líneas, etc. Las elecciones especialmente me dijo que las había sacado de aquella variedad de espíritu y pensamientos que tenía cuando estaba en Loyola, estando todavía enfermo de una pierna. Y me dijo que de las Constituciones me hablaría por la tarde. El mismo día, antes de cenar, me llamó con un aspecto de persona que estaba mas recogida de lo ordinario, y me hizo una especie de protestación, la cual en substancia consistía en mostrar la intención y simplicidad con que había narrado estas cosas, diciendo que estaba bien cierto que no contaba nada de más; y que había cometido muchas ofensas contra Nuestro Señor después que había empezado a servirle, pero que nunca había tenido consentimiento de pecado mortal, más aún, siempre creciendo en devoción, esto es, en facilidad de encontrar a Dios, y ahora más que en toda su vida. Y siempre y a cualquier hora que quería encontrar a Dios, lo encontraba. Y que aún ahora tenía muchas veces visiones, máxime aquellas, de las que arriba se dijo, de a Cristo como Sol, etc. Y esto le sucedía frecuentemente cuando estaba tratando de cosas de importancia, y aquello le hacía venir en confirmación, etc.

100. Cuando decía misa tenía también muchas visiones, y cuando hacía las Constituciones las tenía también con mucha frecuencia; y que ahora lo puede afirmar más fácilmente, porque cada día escribía lo que pasaba por su alma y lo encontraba ahora escrito. Y así me mostró un fajo muy grande de escritos de los cuales me leyó una parte. Lo más eran visiones que él veía en confirmación de alguna de las Constituciones y viendo unas veces a Dios Padre, otras las tres personas de la Trinidad, otras a la Virgen que intercedía, otras que confirmaba. En particular me habló sobre las determinaciones, en las cuales estuvo cuarenta días diciendo misa cada día, y cada día con muchas lágrimas y lo que se trataba era si la iglesia tendría alguna renta, y si la Compañía se podría ayudar de ella.

101. El modo que el Padre guardaba cuando hacía las Constituciones era decir misa cada día y representar el punto que trataba a Dios y hacer oración sobre aquello y siempre hacía la oración y decía misa con lágrimas. Yo deseaba ver todos aquellos papeles de las Constituciones y le rogué me los dejase un poco; pero él no quiso.

Libros a la carta

A la carta es un servicio especializado para
empresas,
librerías,
bibliotecas,
editoriales
y centros de enseñanza;
y permite confeccionar libros que, por su formato y concepción, sirven a los propósitos más específicos de estas instituciones.

Las empresas nos encargan ediciones personalizadas para marketing editorial o para regalos institucionales. Y los interesados solicitan, a título personal, ediciones antiguas, o no disponibles en el mercado; y las acompañan con notas y comentarios críticos.

Las ediciones tienen como apoyo un libro de estilo con todo tipo de referencias sobre los criterios de tratamiento tipográfico aplicados a nuestros libros que puede ser consultado en Linkgua-ediciones.com.

Linkgua edita por encargo diferentes versiones de una misma obra con distintos tratamientos ortotipográficos (actualizaciones de carácter divulgativo de un clásico, o versiones estrictamente fieles a la edición original de referencia).

Este servicio de ediciones a la carta le permitirá, si usted se dedica a la enseñanza, tener una forma de hacer pública su interpretación de un texto y, sobre una versión digitalizada «base», usted podrá introducir interpretaciones del texto fuente. Es un tópico que los profesores denuncien en clase los desmanes de una edición, o vayan comentando errores de interpretación de un texto y esta es una solución útil a esa necesidad del mundo académico.

Asimismo publicamos de manera sistemática, en un mismo catálogo, tesis doctorales y actas de congresos académicos, que son distribuidas a través de nuestra Web.

El servicio de «libros a la carta» funciona de dos formas.

1. Tenemos un fondo de libros digitalizados que usted puede personalizar en tiradas de al menos cinco ejemplares. Estas personalizaciones pueden ser de todo tipo: añadir notas de clase para uso de un grupo de estudiantes, introducir logos corporativos para uso con fines de marketing empresarial, etc. etc.

2. Buscamos libros descatalogados de otras editoriales y los reeditamos en tiradas cortas a petición de un cliente.